v|rg

Kleine Schriften aus dem Kreisarchiv Warendorf
Band 6

Herausgegeben im Auftrag des Kreises Warendorf von Knut Langewand

Christine Laumeier

Jüdische Familien aus Oelde und Stromberg

Spurensuche in Archiven und vor Ort

Verlag für Regionalgeschichte
Bielefeld 2024

Umschlag:
Vorderseite: Oelde um 1920
(© Kreisarchiv Warendorf, N 196 Sammlung Rennemeier)
Rückseite: Ansicht von Stromberg
(Heimatverein Stromberg; Johannes Ueffing)

Bibliografische Information der Deutschen Nationalbibliothek

Die Deutsche Nationalbibliothek verzeichnet diese Publikation in der Deutschen Nationalbibliografie; detaillierte bibliografische Daten sind im Internet über http://dnb.d-nb.de abrufbar.

ISSN 2509-5811
ISBN 978-3-7395-1529-8

www.kreis-warendorf.de
www.regionalgeschichte.de

Satz und Layout: Katharina Schwär, Kreis Warendorf

Gedruckt auf alterungsbeständigem Papier nach ISO 9706
Printed in Germany

Inhalt

Geleitworte

Die Reihe „Kleine Schriften aus dem Kreisarchiv Warendorf“ hat den Anspruch, einen Publikationsrahmen für Untersuchungen mittleren Umfangs zu schaffen, die einen wichtigen Beitrag zur Geschichte des Kreises und seiner Städte, Gemeinden und Bauerschaften leisten. Damit trägt die Reihe sowohl zur aktuellen lokalhistorischen Forschung als auch zur historisch-politischen Bildungsarbeit bei.

Die frühere Reihe der „Veröffentlichungen aus dem Kreis Warendorf“, in der bis zum Jahr 1999 Publikationen im Selbstverlag der Kreisverwaltung erschienen sind, ging in dieser Reihe auf.

Dr. Dirk Paßmann als Verleger danke ich für die fortgesetzte erfolgreiche Zusammenarbeit, Katharina Schwär (Kreis Warendorf) für die grafische Umsetzung.

Das vorliegende Buch zeichnet die Lebens- und Leidenswege der jüdischen Bewohnerinnen und Bewohner Oeldes und Strombergs nach. Es knüpft damit in verschiedener Weise in bereits erfolgte Forschungen zur jüdischen Geschichte in Oelde und Stromberg an, greift aber die seither der Öffentlichkeit zugänglich gemachten Quellen ebenso auf wie neue Erkenntnisse zu den jüdischen Familien.

Ich danke Christine Laumeier dafür, dass sie ihre Erkenntnisse für Band 6 der „Kleinen Schriften aus dem Kreisarchiv Warendorf“ zur Verfügung gestellt hat. Dem vorliegenden Buch wünsche ich einen weiten Leserkreis und eine große Resonanz.

Warendorf, im Frühjahr 2024
Knut Langewand

Sehr geehrte Leserinnen und Leser,

in Oeldes Stadtbild überhaupt Spuren jüdischen Lebens zu finden, ist erst seit 2011 wieder möglich: In dem Jahr hat der Künstler Gunter Demnig auch hier mit 53 „Stolpersteine" verlegt, um an die während der Zeit des Nationalsozialismus vertriebenen, verfolgten, verschwundenen und ermordeten Menschen jüdischen Glaubens zu erinnern. Zuvor waren jegliche Hinweise auf jüdische Kultur ausgelöscht worden.

Nur durch akribische „Spurensuche in Archiven und vor Ort" - wie auch der Untertitel Christine Laumeiers hier vorliegendem Buch „Jüdische Familien aus Oelde und Stromberg" lautet - ist es möglich, die Wege der jüdischen Familien nachzuzeichnen. Das ist schrecklich und erschütternd, denn die Mitglieder der jüdischen Gemeinde waren seit dem 19. Jahrhundert in Oeldes Gesellschaft voll etabliert: Sie waren unter anderem Mitbegründer der Freiwilligen Feuerwehr, Schützenkönige und haben im ersten Weltkrieg Deutschland gedient.

Für ihr Engagement, die Erinnerung an die jüdischen Familien, die einst in unserer Stadt zuhause waren, aufrecht zu erhalten, möchte ich Christine Laumeier herzlich danken.
Die Auseinandersetzung mit der Geschichte und insbesondere mit dem jüdischen Erbe ist von großer Bedeutung für uns alle. Die Schrift ermöglicht uns einen Blick in die Vergangenheit, die so untrennbar mit dem Schicksal unserer jüdischen Mitbürgerinnen und Mitbürger verbunden ist. Ebenso danke ich dem Kreisarchiv Warendorf für die Herausgabe und Unterstützung dieses wichtigen Werkes.

Als Bürgermeisterin von Oelde ist es mir ein wichtiges Anliegen, die Erinnerung an unsere jüdische Vergangenheit wachzuhalten und gleichzeitig das friedliche Miteinander aller Kulturen und Religionen zu fördern. Diese Schrift leistet einen wertvollen Beitrag dazu, indem sie die Geschichte der jüdischen Gemeinschaft in Oelde beleuchtet und damit auch das Bewusstsein für unsere gemeinsame Verantwortung stärkt.

Ich hoffe, dass dieses Buch von vielen Menschen gelesen wird und dass es zu einem Austausch und einer vertieften Auseinandersetzung mit der jüdischen Geschichte in unserer Stadt führt. Möge es dazu beitragen, dass wir aus der Vergangenheit lernen und gemeinsam an einer friedlichen Zukunft arbeiten.

Oelde im März 2024

Karin Rodeheger

Bürgermeisterin
Stadt Oelde

Vorwort

Mit diesem Buch möchte ich erinnern an unsere ehemaligen Nachbarn. Sie waren Bürgerinnen und Bürger unserer Stadt.

Ich habe mich auf Spurensuche begeben, um die Geschichte der jüdischen Familien in Oelde und Stromberg aufzuschreiben. Dafür habe ich vorhandene Quellen genealogisch ausgewertet.

Angeregt durch die 2019 herausgegebene Stolperstein-Broschüre des Ehepaares Elisabeth und Peter Lewanschkowski aus Oelde habe ich meine zu dem Zeitpunkt bereits begonnene Dokumentation zu den jüdischen Familien aus Oelde und Stromberg intensiviert und mit der vorliegenden Ausarbeitung zum Abschluss gebracht. Die Lebenswege einzelner Personen und ihrer Nachfahren konnte ich zum Teil gut nachvollziehen bis in die Gegenwart. Oft enden die Hinweise aber auch mit der Nachricht über die Deportation bzw. den Tod in Konzentrations- und Vernichtungslagern, oder aber Flucht in den Suizid.
Bürger aus Oelde und Stromberg wurden Opfer der menschenverachtenden Ideologie und des Terrors der Nationalsozialisten. Zum Teil wurden ganze Familien ausgelöscht.

Viele Juden konnten sich nicht vorstellen, dass sie verfolgt werden würden, gedemütigt, entrechtet, verschleppt, ermordet. Sie hatten doch im I. Weltkrieg für ihr Land, für Deutschland gekämpft. Sie wähnten sich in Sicherheit. Es war eine trügerische Sicherheit, wie wir heute wissen.

Mancher glaubte sich in Holland gerettet. Aber auch dort wurden die Menschen jüdischen Glaubens verfolgt und aufgespürt. Meistens führte der Weg ins Sammellager Westerbork und von dort in Konzentrations- und Vernichtungslager.

Wir müssen uns erinnern an die Menschen, die einmal hier gelebt haben und die Erinnerungen bewahren. Schon bald wird es keine Zeitzeugen der Gräueltaten des Holocaust mehr geben, sie werden verstummen. Und so ist es an uns, den Nachgeborenen, die Erinnerung an die Juden in Europa wach zu halten. Nur wenn wir uns erinnern an die Menschen und ihr Schicksal und die Erinnerung bewahren, dürfen wir vielleicht auf Versöhnung hoffen. Setzen wir uns ein für ein demokratisches, solidarisches und gleichberechtigtes Miteinander. Ausgrenzung, Populismus und Antisemitismus dürfen nicht schweigend akzeptiert werden.

Mit diesem Buch möchte ich allen Interessierten, insbesondere den jungen Menschen, eine Starthilfe an die Hand geben, sich mit der jüdischen Geschichte in ihrem Heimatort (Oelde, Stromberg) auseinanderzusetzen. Die vielen Projekte in den Schulen sind ermutigend und zeugen vom wachsenden Geschichtsbewusstsein und auch von einer wachsenden Erinnerungskultur.

Mir ist bewusst, dass auch diese Arbeit nicht vollständig ist und Lücken aufweist. Ich habe die mir zur Verfügung stehenden Quellen genutzt. Die Archive haben in den letzten Jahren bereits viele Dokumente online zugänglich gemacht, was die Recherchemöglichkeiten erheblich erweitert hat. Inzwischen können auch internationale Datenbanken am heimischen Computer eingesehen werden. Vielleicht stehen den Forschenden in Zukunft weitere Quellen offen, die zurzeit noch nicht einsehbar sind.

Oelde 2024
Christine Laumeier

Preface

This book aims to uphold the memory of our former neighbours, the Jews of Oelde and Stromberg.
They were citizens of our town.

I used and evaluated existing genealogical sources to trace and write about the history of Jewish families in Oelde and Stromberg.

Inspired by the Stolperstein-booklet, published in 2019 by Elisabeth and Peter Lewanschkowski from Oelde, I intensified my documentation about the Jewish families from Oelde and Stromberg, which I had already begun at that point. This book is the conclusion of my research. I was able to follow the course of life of single persons up to the present time. But often their stories end with information about either their deportation to, and death in, the concentration- and extermination camps, or by suicide. Citizens of Oelde and Stromberg became victims of the inhuman ideology and the terror of the national socialists. Sometimes entire families were eradicated.

Many Jews could not imagine being persecuted, humiliated, deprived of their rights, displaced, murdered. They had fought for Germany in World War 1. They thought they were safe. As we know today, it was a delusion.

Some believed themselves to be safe in Holland. But even there Jewish people were tracked down and persecuted. In most cases, they were brought to the Westerbork assembly camp and from there were sent to the concentration- and extermination camps.

We must remember the people who once lived here and uphold their memory. With the passage of time, the witnesses to the atrocities of the Holocaust are becoming fewer and fewer. Before long, there will be no living memory of that horrific chapter in human history. The witnesses will disappear. And so, those who are born later have the task to always remember the Jews of Europe and never let their story be forgotten. Only if we remember these people and their destiny, can we hope for reconciliation. We have to stand up for democracy, solidarity and equal life together. Isolation, populism and anti-Semitism must not be accepted in silence.

I want this book to be a first start to get in touch with the Jewish history in our hometown (Oelde, Stromberg) for all interested people, especially the younger generation. The many projects in schools about this subject are encouraging and show the growing consciousness about history and also the growing memory culture.

I know that this work is not complete and contains gaps. I used the sources I had. In the last few years the research options expanded significantly with the accessibility of online archives. International databases can be viewed from at home now. Maybe in the future, researchers will be able to use more sources, that cannot be looked into today.

Oelde 2024
Christine Laumeier

Einführung

Erst für die zweite Hälfte des 16. Jahrhunderts liegen urkundliche Nachweise vor, dass Juden in Oelde sesshaft waren. Zu den ersten in Oelde genannten Juden zählt im Jahr 1552 der heilkundige Salomon und im Jahr 1560 Hertz to Oelde. Etwa 1670 ist der Beginn ununterbrochenen jüdischen Lebens in Oelde bis in die 1940er Jahre. Mit bischöflicher Genehmigung wurde 1742 in Oelde eine Synagoge errichtet. Der ein Stockwerk hohe Bau befand sich im Garten von Nathan Samuel, Lange Straße Nr. 166 (später Nr. 21).
Das Gebäude befand sich 1816 in einem „mittelmäßigen Stand". Daher erwarb die jüdische Gemeinde ein Haus, das sich in der Ruggestraße befand. Die neue Synagoge wurde 1829 vom Landesrabbiner Abraham Sutro feierlich eingeweiht.[1] In der Stadt Oelde wohnten 1795 vier jüdische Familien mit insgesamt 20 Angehörigen.
Sesshafte Juden lassen sich in Stromberg erst um die Mitte des 18. Jahrhunderts nachweisen.[2]
Zunächst wurde die Synagoge in Oelde besucht, um 1785 richtete man eine eigene Betstube in einem Privathaus in Stromberg ein.[3] 1795 wohnten in Stromberg drei jüdische Familien mit insgesamt dreizehn Angehörigen. Die Zahl der Juden wuchs ab Beginn des 19. Jahrhunderts, und es bildete sich eine selbständige jüdische Gemeinde Stromberg.

Das Zusammenleben der jüdischen Minderheit und der nichtjüdischen Mehrheit in Oelde und Stromberg kann allgemein als gut bezeichnet werden. Es gab viele Begegnungen im Alltag, allein schon durch die vielfältigen Geschäftsbeziehungen. Aber auch im Vereinsleben gab es ein Miteinander, wie z.B. in der Freiwilligen Feuerwehr, im Musikverein und im Schützenverein.

---

1 Albert Pauls: Zur Geschichte der Juden in Oelde, in: Oelde – die Stadt in der wir leben, hg. von Siegfried Schmieder, Oelde 1987, S. 667-670.

2 Walter Tillmann: Zur Geschichte der jüdischen Minderheit in Stromberg, in: 800 Jahre Wallfahrt und Stromberger Geschichte, hg. vom Heimatverein Stromberg, Warendorf 2007, S. 323.

3 Vgl. www.jüdische-gemeinden.de [Zugriff 23.6.2023].

Mit der Machtergreifung der Nationalsozialisten im Jahr 1933 begann die systematische Verfolgung der Juden im Deutschen Reich mit dem Ziel der Vertreibung und Vernichtung. In der Folgezeit wurden viele antijüdische Gesetze und Verordnungen erlassen. Sie führten zu Ausgrenzung und Boykott und nahmen den Juden ihre Existenzgrundlage. Sie wurden ihrer Bürgerrechte beraubt. Ab September 1941 mussten alle Juden den „Judenstern" (gelber Stern) sichtbar an ihrer Kleidung tragen. Der „Judenstern" (gelber Stern) war ein vom NS-Regime eingeführtes Zwangskennzeichen, mit dem die Träger leichter aufzufinden waren. Er war eine Maßnahme zur Durchführung des Holocaust.[4]
Mit Jenny Wolf aus Oelde und Isaac Loe aus Stromberg wurden 1942 die letzten hier noch verbliebenen Juden verschleppt. Das war das endgültige Ende der jüdischen Geschichte in Oelde und Stromberg.

Heute sind die Friedhöfe sichtbare Zeichen für ehemals jüdisches Leben in unseren Wohnorten. Das Besondere an jüdischen Friedhöfen ist, dass die Grabmale für die Ewigkeit sind. Die Grabsteine sind stumme Zeugen einer vergangenen Epoche und bewahren die Erinnerung an jüdische Bürgerinnen und Bürger über Generationen hinweg.

1700 Jahre jüdisches Leben in Deutschland im Jahr 2021
Das Edikt oder auch Dekret Kaiser Konstantins aus dem Jahre 321 ist die früheste erhaltene schriftliche Quelle zur Existenz von Juden in Mittel- und Nordeuropa. Es belegt, dass bereits seit 1700 Jahren Juden in Deutschland leben. Juden sind seit 1700 Jahren Teil der deutschen Gesellschaft, Kultur, Tradition und Geschichte. Im Rahmen eines bundesweiten deutsch-jüdischen Jahres fanden in Deutschland zahlreiche Veranstaltungen im Jahr 2021 statt.

Das Dekret von 321: Köln, der Kaiser und die jüdische Geschichte
LVR-Jüdisches Museum im Archäologischen Quartier Köln
Milena Karabaic, Dr. Thomas Otten

---

4 Wikipedia (https://de.wikipedia.org/wiki/Judenstern) [Zugriff 23.6.2023].

Introduction

It is documented that Jews first settled in Oelde in the second half of the 16th century. The first Jews to be mentioned by name were a medical therapist, Salomon, in 1552, and someone named Hertz, in the year 1560. Continuous Jewish life in Oelde began around 1670, and by 1795, four Jewish families with altogether 20 members lived in the town. The population would continue to grow and thrive into the 1940s.

In 1742, the bishop gave permission to build a synagogue in town. The building was just one floor, and was located in Nathan Samuels garden, Lange Straße No. 166 (later No. 21). In 1816, when the building was determined to be in "mediocre condition," the Jewish community acquired a house in the Ruggestraße.

The new synagogue was consecrated in a ceremony in 1829 by the regional rabbi Abraham Sutro.[5]

There is no proof of settled Jews in Stromberg before the middle of the 18th century.[6]

First they visited the synagogue in Oelde, around 1785 a praying room in a private house in Stromberg was established.[7] In 1795, three Jewish families with combined 13 members lived in Stromberg. As the number of Jews rose starting in the 19th century, an independent Jewish community was formed in Stromberg.

Overall, the Jewish minority and non-Jewish majority co-existed peacefully. They came together many times in everyday life, both through many different business relationships and in different social circles like for example the voluntary fire brigade, the musician society or the rifle association.

---

5 Albert Pauls: Zur Geschichte der Juden in Oelde, in: Oelde – die Stadt in der wir leben, hg. von Siegfried Schmieder, Oelde 1987, S. 667-670.

6 Walter Tillmann: Zur Geschichte der jüdischen Minderheit in Stromberg, in: 800 Jahre Wallfahrt und Stromberger Geschichte, hg. vom Heimatverein Stromberg, Warendorf 2007, S. 323.

7 Cf. www.jüdische-gemeinden.de [23.6.2023].

After the assumption of power by the national socialists in 1933, the systematic persecution of Jews in the Deutsches Reich began. The aim was expulsion and eradication. Before long, many anti-Jewish laws and orders were enacted. These led to isolation and boycott, and took the base of subsistence away from the Jews. They lost their civil rights. From September 1941, the Nazis forced all Jews had to wear the "Judenstern" (yellow star) on their clothing for easier identification. It was one measure to realize the Holocaust.[8]

In 1942 Jenny Wolf from Oelde and Isaac Loe from Stromberg were the last remaining Jews to be taken.
This would mark the end of Jewish history in Oelde and Stromberg.

Today the graveyards are reminders of Jewish life in our hometown. The special thing about Jewish graveyards is that the tombs are made for eternity. The tombstones are silent witnesses of past times and keep alive the memory of Jewish citizens over generations.

1700 years of Jewish life in Germany in the year 2021
The edict of decree of emperor Konstantin from the year 321 is the earliest existing written source about the existence of Jews in middle- and northern Europe. It shows that for 1700 years Jews have been living in Germany and been a part of the German society, culture, tradition and history.
In 2021, many events took place that were part of the nationwide German-Jewish year.

Das Dekret von 321: Köln, der Kaiser und die jüdische Geschichte
LVR-Jüdisches Museum im Archäologischen Quartier Köln
Milena Karabaic, Dr. Thomas Otten

8 Wikipedia (https://de.wikipedia.org/wiki/Judenstern) [23.6.2023].

Erläuterungen zur Benutzung des Buchs

Gliederung

Dieses Buch ist chronologisch aufgebaut, d. h. es sind in einer Familie die Kinder immer geordnet nach ihrem Geburtsjahr aufgeschrieben, beginnend mit dem ältesten Kind. Die Eltern sind oberhalb aufgeschrieben. Die Oelder und Stromberger sind auf der linken Hälfte einer Buchseite vermerkt, die durch Heirat hinzugewonnenen Familienmitglieder sind auf der rechten Hälfte einer Buchseite aufgeschrieben. Die Sortierung der Familien erfolgte nach dem Wohnort und dem Alphabet. Ich habe versucht, die Adressen aufzuschlüsseln. Das war mitunter eine Herausforderung, da früher keine Straßennamen benutzt wurden, sondern die Häuser im Ort einfach durchnummeriert wurden. Zum Teil konnte ich die heutige Bezeichnung der früheren Adressen der jüdischen Familien identifizieren, zum Teil musste es aber bei der alten Bezeichnung bleiben.

Abkürzungsverzeichnis

∞	Heirat
*	geboren
✡	gestorben (jüdische Familien)
†	gestorben (katholische Familien)
Abb.	Abbildung
gen./gt.	genannt
hg.	herausgegeben
KAW	Kreisarchiv Warendorf
NN	Der Vorname oder der Nachname ist nicht bekannt.
NN (m)	männliches Kind ohne Vornamen
NN (w)	weibliches Kind ohne Vornamen
NN (u)	Das Geschlecht des Kindes ist unbekannt, da es nicht im Register verzeichnet ist.
sh.	siehe
SS in Schiffsnamen	Steamship (Dampfschiff)
Vgl. und Cf.	Vergleiche
WKI	I. Weltkrieg

Mehrfachehen werden durch römische Zahlen unterschieden.

Begriffserklärungen

Deportation

Verschleppung politischer Gegner oder ganzer Volksgruppen mit staatlicher Gewalt in weit entlegene Gebiete

Holocaust

Völkermord in der Zeit des Nationalsozialismus

Judenhaus

Wohnhäuser aus jüdischem Eigentum, in die ausschließlich jüdische Mieter zwangsweise eingewiesen wurden (Behördensprache des NS-Staates)

Judenstern (gelber Stern)

vom nationalsozialistischen Regime eingeführtes Zwangskennzeichen für Personen, die nach den Nürnberger Gesetzen von 1935 als Juden galten

Konzentrationslager (KZ, auch KL)

seit der Zeit des Nationalsozialismus Begriff für die Arbeits- und Vernichtungslager des NS-Regimes

Pogrom

Verwüstung, Zertrümmerung

Shoah

Unheil oder Katastrophe

Die jüdischen Familien in Oelde

Familie Asser Aschenberg
Oelde

Asser **Aschenberg**, Handelsmann, Metzger
* 1806 in Lette
✡ 06.01.1886 in Oelde

und Hannchen **Wallach**
* 1804 in Steinheim
✡ 21.10.1874 in Oelde

Heirat: 21.05.1829 in Oelde

Kinder:	verheiratet mit:
1. Joseph **Aschenberg**	Bella (Bertha) **Tannenbaum**
* 04.07.1829 in Oelde	* 1824 in Westhofen
✡ 24.09.1879 in Oelde	∞ 25.01.1854 in Oelde
	✡ 15.02.1903 in Oelde

Die Familie Joseph Aschenberg lebte in Oelde.

2. Gerson **Aschenberg**
* 23.08.1831 in Oelde
✡ 25.01.1832 in Oelde

3. Herz **Aschenberg,**	
Metzger und Handelsmann	Schöngen **Ostwald**
* 12.04.1834 (1833?) in Oelde	* 1816 in Belecke
✡ 21.03.1879 in Soest	∞ 18.10.1858 in Oelde

Das Ehepaar ließ sich in Soest nieder.[9]

---

9 Walter Tillmann: Ausgegrenzt – Anerkannt – Ausgelöscht, Geschichten, Berichte, Episoden und Anekdoten aus Leben und Untergang der jüdischen Minderheit in Oelde, hg. vom Kreisgeschichtsverein Beckum-Warendorf e. V., Warendorf 2003, S. 236.

4. Meier **Aschenberg**
*26.05.1836 in Oelde
✡ 17.02.1921 in Oelde

verheiratet mit:
Mina **Waldbaum**
*16.04.1825 in Iserlohn
∞ 03.12.1860 in Oelde
✡ 08.12.1909 in Oelde

Die Familie Meier Aschenberg lebte in Oelde.

5. NN (w) **Aschenberg**
*10.12.1839 in Oelde
✡ 10.12.1839 in Oelde
Das Mädchen wurde tot geboren.

6. NN (m) **Aschenberg**
*23.01.1841 in Oelde

7. Caroline **Aschenberg**
*1842 in Oelde
✡ 09.09.1859 in Oelde

Familie Joseph Aschenberg
Stadt Oelde Nr. 275

Joseph **Aschenberg**, Kaufmann

und Bella (Bertha) **Tannenbaum**

Kinder:	verheiratet mit:
1. Jette **Aschenberg** *08.03.1855 in Oelde ✡ 01.08.1925 in Hamburg	

Jette Aschenberg war Köchin. Ihr Sohn Otto Aschenberg wurde am 07.11.1887 in Hastedt bei Bremen geboren. Jette lebte später in Hamburg. Dort ist sie 1925 gestorben. Otto Aschenberg war Schlachter, wohl der Familientradition folgend. Er wohnte zuletzt in Hamm, Eylerstraße 5. Otto Aschenberg starb 1940 in Sachsenhausen. Die Sterbeurkunde des Standesamtes Oranienburg Nr. 720/1940 weist als Todesursache Grippe aus. Knapp ein Jahr nach der Geburt des Sohnes Otto gebar Jette Aschenberg am 28.10.1888 in Oelde eine Tochter. Das Mädchen erhielt den Namen Johanna Aschenberg und starb am 07.06.1894 in Bremen.

2. Marcus **Aschenberg** *09.02.1857 in Oelde ✡ 1934 in Bremen	Henriette **Fränkel** ∞ 29.12.1880 in Schmalförden ✡ 1937 in Bremen
Kinder:	
1. Johanna **Aschenberg** *28.11.1881 in Schmalförden	Leo **Bluhm** *26.01.1875 in Stegers, Kreis Schlochau ∞ 19.03.1904 Hemelingen
2. Bertha **Aschenberg** *24.02.1888 in Bremen ✡ 16.12.1933 in Bremen	

3. Siegfried **Aschenberg**
*01.04.1891
✡ 07.04.1916

4. Julius Jay **Aschenberg**
*03.06.1889 in Hemelingen bei Bremen
✡ 05.01.1950 in Hanover, New Hampshire, USA

verheiratet mit:
I. Eva Mary **Barney**
∞ 16.02.1921
II. Ervilla **Abbott**
∞ 15.07.1944

Für Julius Jay Aschenberg habe ich verschiedene Geburtsdaten gefunden. Ich habe mich hier für das Geburtsdatum entschieden, welches sowohl in den Militärakten hier in Deutschland als auch in dem Sozialversicherungsindex in Amerika niedergeschrieben war. Auf seinem Grabstein ist als Geburtsjahr 1896 angegeben. Julius Jay Aschenberg wurde bestattet in South Royalton, Windsor, Vermont, USA (Riverview Cemetery). Aus seinen beiden Ehen sind sechs Kinder bekannt: Richard, Siegfried Alfred und Caroline Mary Aschenberg aus der ersten Ehe, Jean, Joan und Mary Aschenberg aus der zweiten Ehe.

5. Ernest **Aschenberg**
*07.09.1903
✡ 13.08.1967 in San Francisco, California, USA

Jeanne **Meyer**

Ernest Aschenberg wanderte 1937 auf dem Schiff „Manhattan“ in die USA ein. Er hatte mit seiner Ehefrau zwei Kinder, Marcel Fritz und Eleanor Aschenberg. Durch die Onlinestellung der Personenstandsregister des Standesamtes Bremen kurz vor Drucklegung dieses Buches konnten dem Ehepaar Marcus und Henriette Aschenberg weitere Kinder zugeordnet werden: Martha (*1884), Adele (*1886), Alex Sally (*1893), Oskar Adolf (*1895), Minna (*1897), Arthur (*1905).

3. Caroline (Lina) **Aschenberg**
*05.02.1859 in Oelde
✡ 20.08.1942 in Theresienstadt

Manus **Katzenstein**
*29.05.1859
✡ 11.11.1919 in Bremen

Kinder:

1. Leopold **Katzenstein**
   *1887 in Bremen
   ✡ 1966 in USA

2. Julius **Katzenstein**
   *1890 in Bremen
   ✡ 1946 in Haifa, Israel

4. Meier **Aschenberg**
   *21.01.1861 in Oelde
   ✡ 12.02.1943 in Theresienstadt

verheiratet mit:
I. Zerline **Nußbaum** (∞ 1887)
II. Bertha **Stern** (∞ ca. 1893)
III. Jettchen **Plaut** (∞ 1923)

Meier Aschenberg war Schlachtermeister. Er wohnte seit 1887 in Göttingen, Nikolaistraße 11. In der Nikolaistraße 11 befand sich auch sein Fleischerladen. 1942 musste er mit seiner Frau in das "Judenhaus" Weender Landstraße 26 ziehen, von dort Verschleppung über das Sammellager Hannover-Ahlem in das Ghetto Theresienstadt. [10]
Meier Aschenberg hatte mit seiner zweiten Ehefrau, Bertha Stern (✡ 1922 in Göttingen) den Sohn Hugo Aschenberg, geboren 1894 in Göttingen. Hugo Aschenberg (Dr. jur.) war Rechtsanwalt und lebte mit seiner Familie in Hamburg. Wohl durch das ausgesprochene Berufsverbot und die weitere Entwicklung in Nazi-Deutschland entschloss sich die Familie, bestehend aus Hugo und Ehefrau Gertrud geb. Gottgetreu sowie den Kindern Bertha Brigitte und Hans J. Aschenberg zur Auswanderung. Für Hugo Aschenberg fanden sich Nachweise, dass er 1938 per Schiff („SS Westernland“) von Belgien aus nach New York in Amerika gereist war, während Ehefrau Gertrud Aschenberg und die Kinder wohl erst 1946 dorthin folgten. Es ist anzunehmen, dass in der Zwischenzeit Gertrud in England einer Bürotätigkeit nachgegangen

10 Uta Schäfer-Richter, Jörg Klein: Die jüdischen Bürger im Kreis Göttingen, 1933-1945, Göttingen . Hann. Münden . Duderstadt, ein Gedenkbuch, hg. vom Landkreis Göttingen, Göttingen 1992, S. 26.

ist. Ihr Beruf wird in der Einreiseliste (1946) mit Shorthandtypist angegeben, und sie und die Kinder hatten in England gelebt.

5. Rosa **Aschenberg**
 * 22.01.1865 in Oelde (1866?)
 ✡ 18.03.1924 in Oelde

Rosa Aschenberg war ledig. Ihren Unterhalt verdiente sie als Büglerin bzw. Plätterin. Sie wohnte in Oelde, Warendorfer Straße 34.

6. Felix **Aschenberg**
 * 16.03.1868 in Oelde

verheiratet mit:
Maria Theresia **Niewöhner**
 * 24.02.1865 in Kattenstroth
 ∞ 15.04.1893 in Gütersloh

Felix Aschenberg war 1893 Lackierer zu Düsseldorf. Die Heirat mit Maria Theresia Niewöhner fand in der katholischen Pfarrkirche St. Pankratius in Gütersloh statt.

Familie Meier Aschenberg
Stadt Oelde Nr. 346

Meier **Aschenberg,** Handelsmann und Metzger

und Mina **Waldbaum**

Kinder:	verheiratet mit:
1. Carolina **Aschenberg** *29.09.1861 in Oelde ✡ 06.10.1861 in Oelde	
2. Carolina (Lina) **Aschenberg** *17.12.1863 in Oelde ✡ 23.05.1917 in Homburg	Wolff (Willy) **Rosenbaum** *04.07.1869 in Borgholz ∞ 08.05.1890 in Oelde
3. Sophia **Aschenberg** *27.04.1866 in Oelde ✡ 13.01.1939 in Oelde	

Abb. 2 - Blick in die Lindenstraße, um 1912

Sophia Aschenberg wohnte in der Lindenstraße 23. Sie nahm sich das Leben. Auf dem Stolperstein vor ihrer letzten Wohnstätte ist zu lesen: Gedemütigt/ Entrechtet - Flucht in den Tod. Auf dem jüdischen Friedhof in Oelde gibt es keinen Grabstein für Sophia Aschenberg.

4. Hermann **Aschenberg**
* 12.05.1868 in Oelde
✡ 15.09.1868 in Oelde

Die Familie Aschenberg ist hier ausführlich dargestellt, um zu zeigen, Sophia war nicht die einzige Namensträgerin Aschenberg in Oelde. Sie war das letzte Glied in einer langen Kette der Aschenberg-Generationen in Oelde und Umgebung. Nachfahren ihrer Cousinen und Cousins leben heute in Amerika.

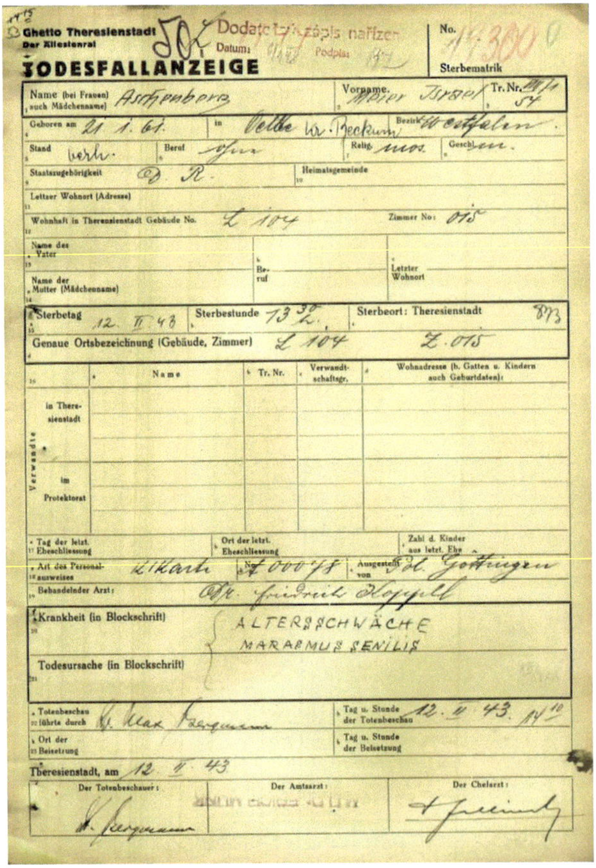

Ghetto Theresienstadt
Der Ältestenrat
TODESFALLANZEIGE
Dodatečný zápis nařízen
Datum: Podpis:
No. 14300
Sterbematrik

Name (bei Frauen) auch Mädchenname): Aschenberg
Vorname: Meier Israel
Tr. Nr.: 54
Geboren am: 21. 1. 61.
in: Oelde Kr. Beckum
Bezirk: Westfalen
Stand: verh.
Beruf: ohne
Relig.: mos.
Geschl.: m.
Staatszugehörigkeit: D. R.
Heimatsgemeinde:
Letzter Wohnort (Adresse):
Wohnhaft in Theresienstadt Gebäude No.: L 104
Zimmer No.: 015
Name des Vaters:
Beruf:
Letzter Wohnort:
Name der Mutter (Mädchenname):
Sterbetag: 12. II. 43
Sterbestunde: 13 30 h.
Sterbeort: Theresienstadt
Genaue Ortsbezeichnung (Gebäude, Zimmer): L 104 Z. 015

Verwandte	Name	Tr. Nr.	Verwandtschaftsgr.	Wohnadresse (b. Gatten u. Kindern auch Geburtdaten):
in Theresienstadt				
im Protektorat				

Tag der letzt. Eheschliessung:
Ort der letzt. Eheschliessung:
Zahl d. Kinder aus letzt. Ehe:
Art des Personalausweises: Kennkarte
No.: A 00078
Ausgestellt von: Pol. Göttingen
Behandelnder Arzt: Dr. Friedrich Koppell
Krankheit (in Blockschrift): ALTERSSCHWÄCHE MARASMUS SENILIS
Todesursache (in Blockschrift):
Totenbeschau führte durch: Dr. Max Bergmann
Tag u. Stunde der Totenbeschau: 12. II. 43. 14 10
Ort der Beisetzung:
Tag u. Stunde der Beisetzung:
Theresienstadt, am 12. II. 43
Der Totenbeschauer: Dr. Bergmann
Der Amtsarzt:
Der Chefarzt:

Abb. 3 – Totenschein für Meier Aschenberg, gestorben am 12.02.1943 in Theresienstadt. Als Todesursache wurde Altersschwäche angegeben. Der Totenschein ist im Nationalarchiv Prag archiviert. (Nationalarchiv Prag > Židovské matriky > Ohledací listy – ghetto Terezín > Band 78)

Familie Scholmann Cohn
Stadt Oelde Nr. 284 (Lange Straße 29?)

Scholman **Cohn**
Lichtzieher (= nutzte Tierfette zur Kerzen- und Lichterherstellung)
* ca. 1789
✡ 19.07.1859 in Oelde

und Julchen **Catz**
* 15.03.1803
✡ 05.11.1897 in Oelde

Kinder:	verheiratet mit:
1. Emilia **Cohn** * 04.10.1830 in Oelde	Bernhard **Baum** * ca. 1825 (in Lünen?) ∞ 15.12.1859 in Lünen
Kinder:	
1. Samuel gt. Sally **Baum** * 01.04.1860 in Lünen ✡ 04.03.1928 in Frankfurt (Main)	Rosalia **Brunnehild** * 20.05.1865 in Kaiserslautern ∞ 30.10.1888 in Kaiserslautern ✡ 21.08.1942 in Frankfurt a. M.

Als Todesursache ist auf der Sterbeurkunde für Rosalia Baum geb. Brunnehild festgehalten: Kreislaufversagen vermutlich infolge Schlafmittelvergiftung.

2. Sophie **Baum** * 03.02.1862 in Lünen (✡ in Treblinka?)	NN **Servos**
3. Bertha **Baum** * 12.10.1864 in Lünen	
4. Siegfried **Baum** * 23.02.1866 in Lünen ✡ 10.03.1944 in Theresienstadt	Berta **Katz** * 07.04.1879 in Beiseförth ∞ 19.11.1901 in Homberg ✡ 21.05.1943 in Theresienstadt

5. Emilie **Baum**
   * 17.03.1869 in Lünen

Das Ehepaar Siegfried und Berta Baum wurde am 21.07.1942 von Düsseldorf per Zug (Transport VII/1, Zug Da 70) nach Theresienstadt verschleppt. Im selben Zug befand sich auch Sophie Servos geb. Baum, Schwester von Siegfried Baum. Sophie Servos wurde am 21.09.1942 weiter verschleppt nach Treblinka.[11]

	verheiratet mit:
2. Bernardina **Cohn**	David **Schöndorff**
* 15.11.1832 in Oelde	* 01.10.1831 in Westheim
	∞ 05.02.1866 in Warburg

Kinder:

1. Siegmund **Schöndorff**
   * 24.11.1866 in Westheim

2. Hermann **Schöndorff**	Lina **Sostheim**
* 07.10.1868 in Westheim	* 21.12.1865 in Lippstadt
✡ 23.10.1936 in Zürich, Schweiz	∞ 03.05.1893 in Lippstadt

Hermann Schöndorff war gelernter Einzelhandelskaufmann. 1890 gründete er zusammen mit seinem Bruder Albert die Firma Gebr. Schöndorff, Düsseldorf. Später war Hermann Schöndorff Generaldirektor der Rudolph Karstadt AG. Er emigrierte nach der Machtergreifung der Nationalsozialisten in die Schweiz.[12]

3. Albert **Schöndorff**	Marie **Gross**
* 23.12.1870 in Westheim	* 1871
✡ 17.09.1942 in Auschwitz	✡ 17.09.1942 in Auschwitz

11 Yad Vashem – Internationale Holocaust-Gedenkstätte; https://yvng.yadvashem.org/nameDetails.html?language=de&itemId=4760527&ind=2 [Zugriff 23.6.2023].

12 Deutsche Biographie; https://www.deutsche-biographie.de/sfz115357.html [Zugriff 23.6.2023].

Albert Schöndorff war ein deutscher Unternehmer, Kommunalpolitiker und Gründungsmitglied der Wohnungsgenossenschaft Düsseldorf-Ost.[13]

3. Hannchen **Cohn**
   *25.03.1835 in Oelde

4. Bila (Bella) **Cohn**
   *13.11.1837 in Oelde
   ✡ 20.08.1901 in Oelde

Abb. 4/5 – Für Julchen Cohn geb. Catz und ihre Tochter Bila (Bella) bestehen noch Grabsteine auf dem jüdischen Friedhof in Oelde.

Scholmann Cohn (1789-1859) soll einen Bruder mit Namen Nathan Samuel Cohn (1769-1826) gehabt haben, Oelde, Lange Straße 21. Dieser Bruder war verheiratet mit Mina Isack. Aus der Ehe sollen vier Kinder hervorgegangen sein. Lediglich zum Sohn Ewald Cohn (1804-1882) fanden sich weitere Informationen. Ewald Cohn konvertierte zum katholischen Glauben und heiratete 1831 Maria Ursula Albertina Plogmacher aus Liesborn. Ewald Cohn war Gründungsmitglied der Schützengesellschaft Oelde von 1858 e. V.

13 Wikipedia (https://de.wikipedia.org/wiki/Albert_Sch%C3%B6ndorff) [Zugriff 23.6.2023].

Familie Cohn in Oelde

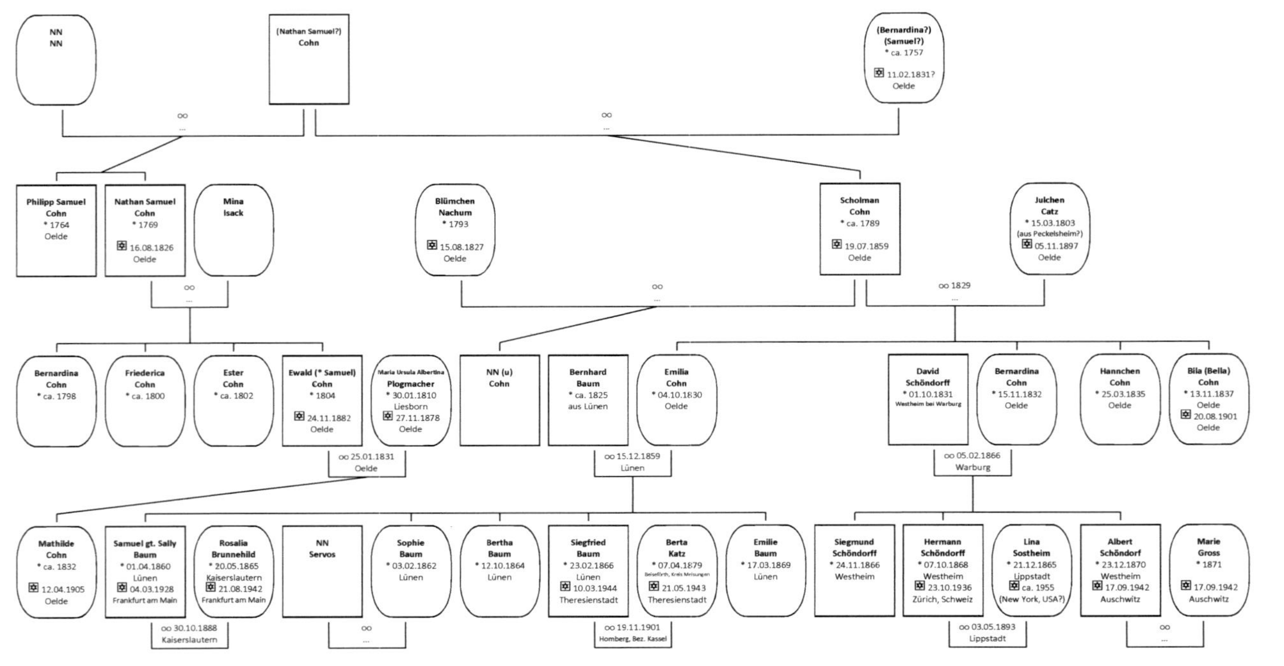

Abb. 6

Familie Selig Daltrop
Stadt Oelde 197

Selig **Daltrop,** Handelsmann
*29.05.1826 in Rietberg
✡ 12.04.1882 in Oelde

und Fanny **Wolf**
*05.04.1816 in Oelde
✡ 11.03.1905 in Oelde

Fanny **Daltrop** geb. Wolf (1816-1905) war eine Schwester von Moses Wolf (1813-1889) und Benjamin Wolf (1818-1892)

Heirat: 04.09.1849 in Oelde

Kinder:	verheiratet mit:
1. Caroline **Daltrop** *15.04.1850 in Oelde	Jacob Abraham **de Fries** aus Duisburg Meiderich

Kinder:	
1. Julius Jacob **de Fries** *16.02.1874 in Duisburg Meiderich	
2. Helene **de Fries** *08.04.1875 in Duisburg Meiderich	Karl **Herz** *21.11.1871 in Ganspohl
3. Johanna **de Fries** *19.07.1876 in Duisburg Meiderich	
4. Max **de Fries** *23.07.1879 in Duisburg	Martha **Rosenfeld** *11.01.1893 in Minden
5. Siegfried **de Fries** *29.01.1881 in Duisburg Meiderich	

2. Jette **Daltrop**
*24.05.1852 in Oelde

verheiratet mit:
Theodor **Levy**
*08.04.1852 in Waldbreitbach
∞ 07.10.1879 in Oelde

Kinder:
1. Isidor **Levy**
*1880 in Waldbreitbach

2. Max **Levy**
*1882 in Waldbreitbach

3. Albert **Levy**
*1885 in Waldbreitbach

3. Marcus (später Max) **Daltrop**
*14.06.1854 in Oelde
✡ 16.07.1917 in Oelde

Ida Täubchen **Sachs**
*07.05.1862 in Bielefeld
∞ 23.06.1884 in Bielefeld

4. Benjamin **Daltrop**
*13.11.1856 in Oelde
✡ 10.12.1934 in Oelde

Henriette **Sachs**
*27.05.1869 in Bielefeld
∞ 24.12.1896 in Bielefeld

Ida Täubchen Sachs und Henriette Sachs waren Schwestern.

5. Philipp **Daltrop**
*02.01.1859 in Oelde
✡ 27.03.1938 in Hamburg

Helene **Coutinho**
*15.01.1867 in Hamburg
∞ 29.01.1886 in Hamburg
✡ 13.03.1925 in Hamburg

Kinder:
1. Paula **Daltrop**
*29.12.1886 in Harburg

Peter Wilhelm Hermann
Christian **Jacob**
∞ 09.10.1907 in Hamburg

2. Grete **Daltrop**
*21.12.1888 in Harburg
✡ in (Riga?)

Hugo **Marcus**
∞ 15.05.1911 in Hamburg
✡ in (Riga?)

3. Hedwig **Daltrop**
*30.12.1890 in Harburg
✡ in Auschwitz

verheiratet mit:
Ferdinand **Strompf**
*30.09.1878 in Wachtl
∞ 15.03.1913 in Hamburg
✡ 02.06.1944 in Auschwitz od. Theresienstadt

6. Bertha **Daltrop**
*20.04.1861 in Oelde
✡ 1939 in Rheurdt

Siegmund **Kaufmann**
*09.03.1851 in Rheurdt
∞ 23.03.1882 in Oelde
✡ 27.12.1935 in Rheurdt

Kind:
Paula **Kaufmann**
*06.07.1889 in Rheurdt
✡ 28.11.1944 in Stutthof

Hugo **Cohen**
*28.04.1893 in Kalkar
✡ 1942 in Buchenwald oder Berneburg

Hugo und Paula Cohen hatten die Söhne Werner (* 1921) und Gabriel (*1924). Gabriel Cohen wurde 1943 in Sobibor ermordet. Werner Cohen gelang die Flucht nach Argentinien.

Familie Max Daltrop
Stadt Oelde Nr. 197

Marcus (später Max) **Daltrop**, Kaufmann

und Ida Täubchen **Sachs**

Kinder: / verheiratet mit:

1. NN (m) **Daltrop**
   *23.06.1885 in Oelde
   ✡ 24.06.1885 in Oelde

2. Martin **Daltrop**
   *20.08.1887 in Oelde
   ✡ 20.09.1917 in Flandern (I. Weltkrieg)

3. Albert **Daltrop**
   *21.05.1886 in Oelde
   ✡ 30.03.1977 in Bielefeld

   verheiratet mit: Charlotte (Lotte) **Raphael**
   *11.05.1900 in Deutsch-Krone/Westpr.
   ∞ 01.06.1920 in Bielefeld
   ✡ 06.06.2001 in Bielefeld

   Kinder:
   1. John (Hans Georg) **Daltrop**
      *03.01.1925 in Bielefeld

   2. Marian oder Marion (Marianne) **Daltrop**
      *14.08.1926 in Bielefeld
      ✡ 21.07.2014 in London, England

Hans Georg und Marianne wurden 1939 durch einen Kindertransport nach England gerettet.

Statt Karten.

Ihre heute stattgefundene

Eheschließung

zeigen an

Rechtsanwalt Albert u. Frau Lotte Daltrop

geb. Raphael.

Bielefeld, den 1. Juni 1920.

Abb. 7

Albert Daltrop studierte Jura in München, Berlin, Münster und Kiel. Im Jahr 1919 ließ er sich als Rechtsanwalt in Bielefeld nieder und wurde 1926 zum Notar bestellt. Am I. Weltkrieg nahm er als Kriegsfreiwilliger teil.[14]

Albert und Lotte Daltrop waren von Mai 1943 bis Juni 1945 im Ghetto und Konzentrationslager Theresienstadt. Sie müssen dort unvorstellbares Leid gesehen und durchgemacht haben. Albert und Lotte überlebten die Deportation und kehrten im Juni 1945 nach Bielefeld zurück.[15]

Während Albert seine Tätigkeit als Rechtsanwalt und Notar wieder aufnahm, engagierte sich Lotte für die Verständigung zwischen Juden und Nichtjuden.

Lottes Eltern waren der Rechtsanwalt und Notar David Raphael, geboren 1862 in Warendorf und gestorben 1925 in Bielefeld, und Selma Roos, geboren 1877 in Ahlen, ermordet in Auschwitz.

David Raphael, Albert und Lotte Daltrop wurden auf dem jüdischen Friedhof in Bielefeld bestattet.

---

14 Stadtarchiv Bielefeld ("Westfalen-Blatt", Bielefeld vom 07.04.1977)

15 Arolsen Archives: DocID 79017897

4. Bernhard **Daltrop**
*17.10.1890 in Oelde
✡ 01.09.1948 in USA

verheiratet mit:
Anna Erika **Hahn**
*23.02.1892 in Harburg
∞ 08.09.1920 in Hamburg
✡ 27.09.1978 in Los Angeles, USA

Kinder:
1. Ursula **Daltrop**
*1921

2. Beate **Daltrop**
*1927

Statt Karten.

Bernhard Daltrop
Anna Daltrop
geb. Hahn
Vermählte.

Oelde — Harburg-Elbe
I. Wilstorferstr. 12

8. September 1920.

Abb. 8

Abb. 9

Die Familie Bernhard Daltrop wanderte 1940 in die USA ein. Kontaktadresse in Deutschland war Bruder Albert Daltrop in Bielefeld. Bernhard Daltrop starb im Jüdischen Krankenhaus in Philadelphia und fand seine letzte Ruhestätte in Jenkintown, Montgomery County, Pennsylvania, USA, Montefiore Cemetery.

5. Paul **Daltrop**
*06.07.1893 in Oelde
✡ 03.09.1893 in Oelde

Familie Benjamin Daltrop
Stadt Oelde Nr. 292
Kirchstraße Nr. 10, später Eickhoff Nr. 10

Benjamin **Daltrop**, Viehhändler

und Henriette **Sachs**

Kinder:	verheiratet mit:
1. Klara **Daltrop** *27.10.1897 in Oelde 1934 war Klara Daltrop Buchhalterin in Oelde.[16]	Siegmund **Nagel**
2. Julius **Daltrop** *22.10.1898 in Oelde ✡ 28.10.1898 in Oelde	
3. Rosa **Daltrop** *17.08.1900 in Oelde	Julius **Fritzler** *27.09.1890 in Anröchte ✡ 1969 in Argentinien (sh. Fam. Fritzler)
4. Anna (Änne) **Daltrop** *27.01.1904 in Oelde 1934 war Anna **Daltrop** Studienreferendarin.[17]	Ludwig **Katz**

16 Adreßbuch von Stadt Oelde, Kirchspiel Oelde, Stromberg, Ennigerloh, Neubeckum, Sünninghausen, Lette, Ostenfelde: Ausgabe 1934, Oelde 1934.

17 Ebd.

Abb. 10 - Grabstein für Benjamin Daltrop auf dem jüdischen Friedhof in Oelde. Seine Ehefrau Henriette Daltrop geb. Sachs flüchtete mit Tochter Rosa und deren Ehemann Julius Fritzler 1939 nach Argentinien. Benjamin Daltrop war Gründungsmitglied der Freiwilligen Feuerwehr Oelde.

Familie Marcus Daltrop und Therese Baruch in Rietberg

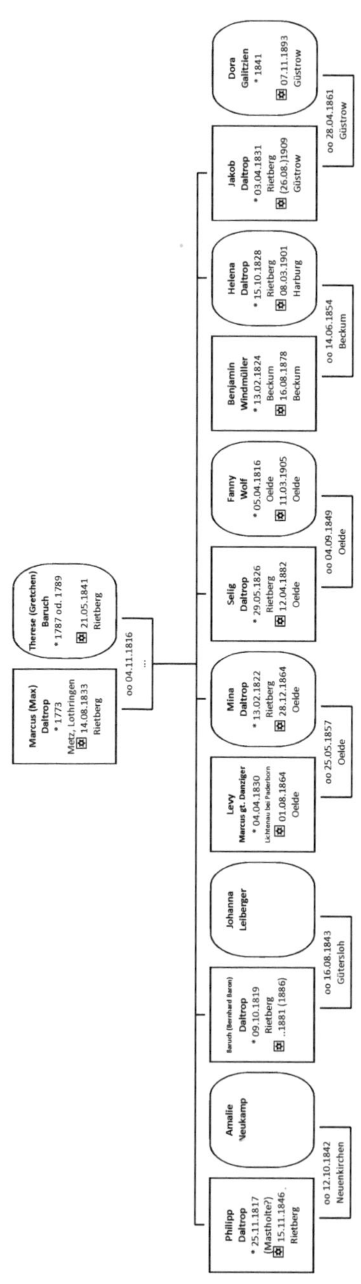

Abb. 11

Familie Danziger
Oelde

Levy Marcus gt. **Danziger**
*04.04.1830 in Lichtenau bei Paderborn
✡ 01.08.1864 in Oelde

und Mina **Daltrop**
*13.02.1822 in Rietberg
✡ 28.12.1864 in Oelde

Heirat: 25.05.1857 in Oelde

Kinder:

1. Carolina **Marcus**
   *16.10.1858 in Oelde
   ✡ 01.12.1859 in Oelde

2. Marcus **Danziger**
   *19.05.1861 in Oelde
   ✡ 08.09.1891 in Hamburg (im israelitischen Krankenhaus)

In der Sterbeurkunde Nr. 2031/1891 des Standesamtes Hamburg wird der Beruf von Marcus Danziger mit Commis angegeben. Er ging also einer Bürotätigkeit nach, wohnte in Hamburg und war ledig.

Levy Marcus genannt Danziger war 1857 Metzgermeister, 1861 war er Handelsmann. Seine Mutter war Röschen Marcus aus Soest. Sie heiratete 1832 Hirsch Jacob Danziger aus Lipperode, daher der zusammengesetzte Nachname. Mina Marcus gt. Danziger geb. Daltrop und Selig Daltrop (*1826 in Rietberg) waren Geschwister. Die Schwester Helena Daltrop (*1828) heiratete in die Beckumer Familie Windmüller. Marcus Danziger war mit drei Jahren bereits Vollwaise. Aufgewachsen ist er möglicherweise bei Onkel Selig Daltrop in Oelde oder Tante Helena Windmüller geb. Daltrop in Beckum.

Familie Salomon Elsberg (I)
Oelde (Ruggestraße 7?)

Salomon **Elsberg,** Handelsmann
*10.10.1785 in Oelde
✡ 23.08.1872 in Beelen

und Sara **Wallerstein** (I. Ehefrau)
*1798
✡ 02.04.1835 in Oelde

Kinder:	verheiratet mit:
1. Lisette oder Jette **Elsberg** *1817 in Oelde ✡ 24.03.1882 in Wadersloh	David **Edler** *11.09.1815 in Stromberg ∞ 05.11.1845 ✡ 25.02.1898 in Wadersloh (sh. Familie Edler)
2. Helena **Elsberg** *1819	
3. Elias **Elsberg** *1821 ✡ 30.03.1836 in Oelde	
4. Moses **Elsberg** *17.02.1824 in Oelde ✡ 18.11.1900 in Warendorf	Adelheid gt. Ella **Hagemann** ∞ 25.11.1857 in Warendorf

Kinder:
1. Sara **Elsberg**
*18.08.1858

verheiratet mit:

2. Jonas **Elsberg**
*17.02.1860

Rosa **Goldberg**
*03.02.1877 in Ibbenbüren
∞ 25.07.1899 in Ibbenbüren
✡ 11.02.1967 in San Francisco, USA

3. Elias **Elsberg**
*25.12.1861

4. Bertha **Elsberg**
*19.05.1864

5. Jacob **Elsberg**
*20.09.1866

6. Bernhard **Elsberg**
*18.08.1868

Rosa **Erlanger**
*13.11.1878 in Neustadt, Aisch
✡ 27.09.1954 in USA

Moses Elsberg war Kaufmann in Warendorf. Geburtsort der ersten vier Kinder war Westkirchen, Jacob und Bernard wurden in Warendorf geboren.

5. Lefmann **Elsberg**
*18.04.1826 in Oelde

I. Riekchen **Cohn**
*06.06.1818 in Fröndenberg
∞ 17.01.1854 in Oelde
✡ 08.01.1855 in Ostenfelde

Riekchens Mutter war Bernhardine Cohn aus Oelde, deren Eltern vermutlich Nathan Samuel Cohn und Mina Isack waren.

Kind aus I. Ehe:

Sophia **Elsberg**
*31.07.1854 in Ostenfelde
✡ 03.09.1941 in Köln-Ehrenfeld

Sophia Elsberg war verheiratet mit Josua Hoffmann.
(sh. Fam. Josua Hoffmann)

verheiratet mit:
II. Fanny **Hope**
*06.08.1829 in Oelde
∞ 1855

Kinder aus II. Ehe:

1. Rosalie **Elsberg**
   *01.02.1856

2. Hannchen **Elsberg**
   *07.02.1857

3. Jettchen **Elsberg**
   *27.04.1858

4. Lisette **Elsberg**
   *26.03.1860

5. Eduard **Elsberg**
   *10.07.1862

6. Nathan **Elsberg**
   *31.12.1865

Lefmann Elsberg war Kaufmann. Seine Kinder aus beiden Ehen wurden in Ostenfelde geboren.

6. Friederica **Elsberg**
   *21.04.1829 in Oelde

   Jacob **Steilberg**
   ∞ 06.07.1857 in Höxter

7. Anna **Elsberg**
   *10.12.1831 in Oelde
   ✡ 10.05.1841 in Oelde

8. Jacob **Elsberg**
   *03.02.1834 in Oelde
   ✡ 15.07.1837 in Oelde

Familie Salomon Elsberg (II)

Salomon **Elsberg**, Handelsmann

und Ricca **Eichmann** (II. Ehefrau)

Kinder:	verheiratet mit:
1. Leser/Leeser **Elsberg**	Johanna **Isaacson**
*19.09.1837 in Oelde	∞ 04.12.1871 in Warendorf
✡ 30.10.1921 in Warendorf	

Leser Elsberg eröffnete in Warendorf einen Manufakturenhandel. Damit wurde der Grundstein gelegt für das spätere Kaufhaus Elsberg an der Ecke Münsterstraße/Freckenhorster Straße. Dieses Kaufhaus wurde erbaut von Sohn Eduard Elsberg. (Quelle: Bericht von Daniela Geuer über den Vortrag von Dr. Ekkehard Gühne in „Westfälische Nachrichten" vom 10.12.2010)

Kinder:	
1. Sally **Elsberg**	Betty **Baum**
*15.09.1872 in Beelen	*08.09.1876 in Dortmund
✡ 19.12.1930 in Hamm	∞ 11.08.1901 in Dortmund
bestattet in Hamm	✡ 01.04.1968 in New York, USA

Sally und Betty Elsberg hatten die Kinder Walter, Hildegard und Rudolf.

2. David **Elsberg**	Rieka **Windmüller**
*03.01.1874 in Warendorf	*14.01.1883 in Beckum
✡ Sept. 1942 in Treblinka	✡ 26.09.1942 in Treblinka

David und Rieka Elsberg hatten die Kinder Karl (Charles), Paul, Hildegard und Werner. Den vier Kindern gelang die Flucht nach Amerika. Karl Elsberg hinterließ rund 70 Schreibmaschinenseiten mit persönlichen Aufzeichnungen (Dr. Ekkehard Gühne, wie oben), wie er die Zeit zwischen 1939 und 1945 erlebt hat. Sie sind hinterlegt im Zentrum für Antisemitismusforschung der TU Berlin.

3. Eduard **Elsberg**
   * 15.12.1875 in Warendorf
   ✡ 1942 in Polen

Eduard Elsberg wurde mit dem 12. Osttransport in das Warschauer Ghetto deportiert. Auf der Homepage der Arolsen Archives ist zu lesen: „Auf dem Aktendeckel heißt es fälschlicherweise, die Deportation sei nach Trawniki bei Lublin gegangen. Es gilt jedoch als gesichertes Wissen, dass der Deportationszug, der Berlin am 02.04.1942 verließ in das Warschauer Ghetto umgeleitet wurde."[18] Eduard Elsberg wurde 1936 durch die Nationalsozialisten gezwungen, sein Geschäft aufzugeben. Handel jeder Art wurde ihm untersagt. Nach der Verpachtung seines Kaufhauses verließ er Warendorf in Richtung Berlin, wo er sich sicher glaubte.[19]

2. Rosa **Elsberg**
   * 06.12.1839 in Oelde
   ✡ 16.08.1921 in Ostenfelde

<u>verheiratet mit:</u>
Josef **Hertz**
 * 13.08.1831 in Beelen
 ∞ 04.09.1857 in Münster
 ✡ 14.10.1905 in Ostenfelde

Josef Hertz war Kaufmann in Ostenfelde, Dorf Nr. 44.

Abb. 12 – Werbung in „Die Glocke" vom 17.04.1898

18 Arolsen Archives, Signatur 15510005, Dokument Nr. 127187644.

19 „Westfälische Nachrichten" vom 02.12.2021.

<u>Kinder:</u>

1. Theresia **Hertz**
   *11.12.1857

2. Bertha **Hertz**
   *23.08.1859

3. Rosalia **Hertz**
   *09.11.1861

4. Johanna **Hertz**
   *31.12.1863

5. Louis **Hertz**
   *20.02.1866

6. Henriette **Hertz**
   *24.02.1868

7. Eduard **Hertz**
   *28.03.1870

8. Sally **Hertz**
   *04.05.1873

9. Helene **Hertz**
   *14.09.1875

10. Laura **Hertz**
    *02.06.1881

Abb. 13/14 – Josef und Rosa Hertz fanden ihre letzte Ruhestätte in Oelde.

3. Helena (Lenchen) **Elsberg**
   *08.03.1842 in Oelde

   verheiratet mit:
   Levi Leib **Rosenbaum**
   ∞ 18.05.1869

   Tochter:
   Johanna **Rosenbaum**
   *17.10.1871 in Hagen
   ✡ 21.07.1938 in Mannheim

   Carl **Bodenheimer**
   *22.01.1875 in Waibstadt
   ∞ 11.09.1900 in Haspe, Kreis Hagen
   ✡ 16.08.1933 in Mannheim

4. NN (w) **Elsberg**
   *13.11.1844 in Oelde
   ✡ 13.11.1844 in Oelde
   Das Mädchen wurde tot geboren.

5. NN (u) **Elsberg**
   *04.02.1846 in Oelde
   ✡ 04.02.1846 in Oelde
   Das Kind mit unbekanntem Geschlecht wurde tot geboren.

Salomon Elsberg (1785-1872) war 1855 nach Beelen verzogen.[20]
Sein Bruder Leffmann Elsberg (*1794 in Oelde) lebte in Ahlen und war verheiratet mit Adelheid Windmüller aus Beckum. Isaac Elsberg (*1806 in Oelde) war ein weiterer Bruder von Salomon und Leffmann Elsberg und wohnte in Oelde Stadt Nr. 225.

20 Tillmann, Ausgegrenzt, S. 247

Familie Elsberg in Oelde

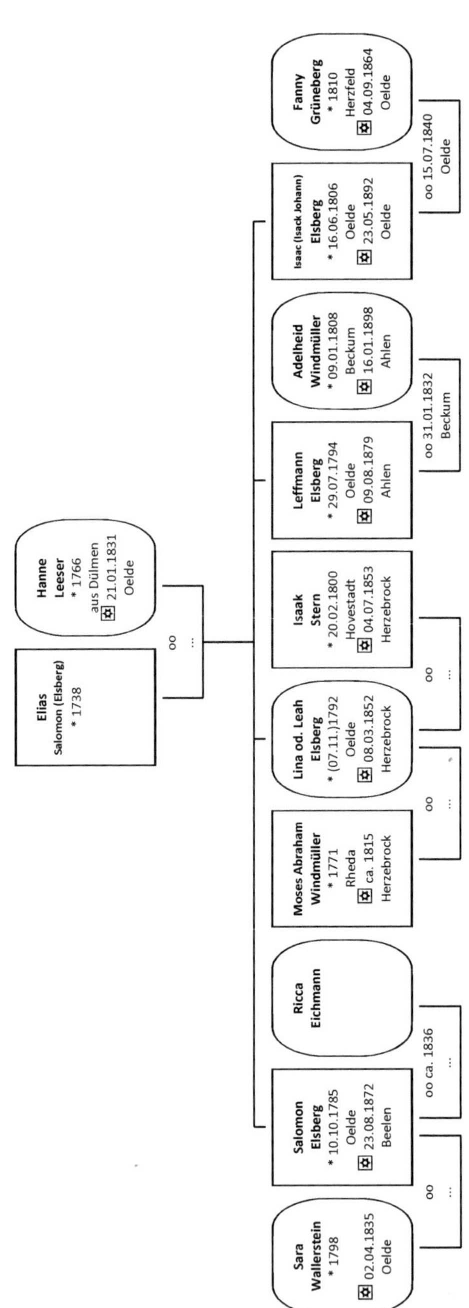

Abb. 15

Familie Isaac Elsberg
Stadt Oelde Nr. 225

Isaac **Elsberg**, Handelsmann bzw. Krämer
* 16.06.1806 in Oelde
✡ 23.05.1892 in Oelde

und Fanni **Grüneberg**
* 1810 in Herzfeld
✡ 04.09.1864 in Oelde

Heirat: 15.07.1840 in Oelde

Kinder:	verheiratet mit:
1. NN (w) **Elsberg** * 04.11.1844 in Oelde ✡ 04.11.1844 in Oelde Das Mädchen wurde tot geboren.	
2. Johanna (Hannchen) **Elsberg** * 28.04.1846 in Oelde ✡ 09.12.1898 in Oelde (Nachkommen sh. Fam. Hope)	Jacob **Hope** * 18.09.1837 in Oelde ∞ 30.11.1866 in Oelde ✡ 28.05.1903 in Oelde (sh. Fam. Hope)

Abb. 16/17 – Isaac Elsberg und Fanni Elsberg geb. Grüneberg fanden ihre letzte Ruhestätte auf dem jüdischen Friedhof in Oelde.

Familie Fritzler
Oelde, Kirchstraße Nr. 10, später Eickhoff Nr. 10

Julius **Fritzler,** Viehhändler
*27.09.1890 in Anröchte
✡ 1969 in Argentinien

und Rosa **Daltrop**
*17.08.1900 in Oelde
(s. Fam. Daltrop)

Heirat: 02.01.1925 in Oelde

Kinder:	verheiratet mit:
1. Martin **Fritzler** *22.10.1925 in Oelde	Dagmar **Eichenwald** aus Billberbeck
Kinder: 1. Eduardo **Fritzler** 2. Alberto **Fritzler** 3. Alejandro **Fritzler**	
2. Lore **Fritzler** *29.03.1927 in Oelde (28.03.?) ✡ Februar 2021	Walter **Israel**
Kinder: 1. Marcelo **Israel** 2. Rubén **Israel** 3. Daniel **Israel**	
3. Georg (Jorge) **Fritzler** *06.08.1929 in Oelde	Violeta **Szabo**

Kinder:
1. Benjamin **Fritzler**
2. Carlos **Fritzler**

4. Walter **Fritzler**
*03.12.1931 in Oelde

Die Familie Fritzler flüchtete 1939 nach Argentinien. Ein bereits dort lebender Verwandter von Julius Fritzler hatte sie als Landwirte angefordert. Fritzlers verpflichteten sich, zwei Jahre unentgeltlich als Landarbeiter auf einem Camp zu arbeiten. Einen großen Teil des aus Deutschland mitgebrachten Hausgutes mussten sie verkaufen, um die Kosten für die Einreisebewilligung bestreiten zu können.[21]

Abb. 18 - Blick in die Kirchstraße, später Eickhoff

21 Hans-Jörg Gerste, Von der Pogromnacht zur Deportation, in: Veröffentlichungen aus dem Kreisarchiv Warendorf, Reihe 2, Heft 6, hg. vom Kreis Warendorf, Warendorf 1994 - Ergänzungen (Stand 1989) von Albert Pauls (†) zu seinen Ausführungen in dem Buch „Oelde - die Stadt, in der wir leben, S. 697.

Familie Herz
Stadt Oelde Nr. 251

Abraham **Herz,** Handelsmann
* 12.09.1829 in Werne (Zivilurkunde der Juden in Werne)
✡ 16.05.1898

und Helene Lena **Spiegel**
* 24.08.1825 in Enniger
✡ 12.01.1894

Heirat: 05.01.1859 in Oelde

Kinder:

1. Alwine Emilie **Herz**
   * 27.10.1859 in Oelde
   ✡ 16.07.1943 in Sobibor

   verheiratet mit:
   Hartog **de Levie**
   * 13.06.1857 in Oude Pekela
   ∞ 03.12.1885 in Oelde
   ✡ 05.02.1923 in Bremen

   Tochter:
   Erika Rieka **de Levie**
   * 28.02.1887 in Jever
   ✡ 17.09.1943 in Auschwitz

   verheiratet mit:
   Josef **Philipps**
   * 31.03.1880 in Oberhausen
   ✡ 17.09.1943 in Auschwitz

2. Hubert **Herz**
   * 27.10.1861 in Oelde

3. Siegmund (Siegfried) **Herz**
   * 02.06.1864 in Oelde
   ✡ 17.05.1890 in Oelde

Abb. 19 - Siegmund (Siegfried) Herz wurde auf dem jüdischen Friedhof in Oelde bestattet.

Familie Philipp oder Feidel Hoffmann
Oelde

Philipp oder Feidel **Hoffmann,** Handelsmann und Metzger
*07.11.1794
✡ 07.02.1863 in Oelde

und Lena (Helene) **Neubürger**
*1813 in Mastholte
✡ 11.05.1853 in Oelde

Heirat: 29.11.1837 in Oelde

Kinder:	verheiratet mit:
1. Nathan **Hoffmann** *02.09.1838 in Oelde ✡ 03.05.1906 in Oelde	Elise **Herz** *24.07.1855 in Werne ✡ 27.01.1906 in Oelde
2. Ranchen **Hoffmann** *05.06.1840 in Oelde ✡ 06.10.1869 in Oelde (Nachkommen sh. Fam. Hope)	Moses **Hope** *30.04.1831 in Oelde ∞ 06.06.1862 in Oelde ✡ 05.10.1915 in Oelde
3. Josua **Hoffmann** *04.09.1842 in Oelde ✡ 18.01.1904 in Oelde	Sophia **Elsberg** (sh. Fam. Elsberg) *31.07.1854 in Ostenfelde ✡ 03.09.1941 in Köln-Ehrenfeld

Sophia Hoffmann geb. Elsberg wohnte seit Dezember 1938 in Köln. 1934 war sie noch im Oelder Adressbuch verzeichnet und wohnte Lange Straße 45.

4. Jetta **Hoffmann** *04.06.1845 in Oelde ✡ 06.09.1880 in Oelde (Nachkommen sh. Fam. Hope)	Moses **Hope** *30.04.1831 in Oelde ∞ 13.07.1870 in Oelde ✡ 05.10.1915 in Oelde

5. Mina **Hoffmann**
*07.02.1848 in Oelde

6. Johanna **Hoffmann**
*10.09.1850 in Oelde
✡ 02.04.1882 in Rheda

verheiratet mit:
Samuel **Weinberg**
*27.03.1848 in Rheda
∞ 17.05.1877 in Oelde
✡ 13.02.1918 in Rheda

II. Johanna **Steinweg**
*31.07.1857 in Wickede
✡ 28.06.1934 in Hilversum, NL
Johanna Steinweg war die II. Ehefrau von Samuel Weinberg.

Familie Nathan Hoffmann
Stadt Oelde Nr. 121

Nathan **Hoffmann**

und Elise **Herz**

Kinder:	verheiratet mit:
1. Laura **Hoffmann** *22.02.1878 in Oelde ✡ 12.12.1944 in USA	Benjamin (Benno) **Katz** *04.08.1874 in Vacha, Thüringen ∞ 20.08.1901 in Oelde ✡ 12.07.1934 in Berlin

Benno Katz war Fabrikant in Bielefeld. Das von ihm aufgebaute Textilunternehmen Katz Textil wurde von den Nationalsozialisten "arisiert", also gegen geringes Entgelt enteignet. Daraus entstand die Katag AG, die bis heute mit Sitz in Bielefeld fortbesteht. Katag steht für Katz Textil AG.[22]

2. Emmi **Hoffmann** *19.05.1879 in Oelde ✡ 12.04.1937 in Frankfurt a. M.	Benno **Sommer**

Das Ehepaar Sommer wohnte in Frankfurt a. M., Beethovenstraße 10.

3. Martha **Hoffmann** *30.01.1881 in Oelde ✡ 10.05.1973 in USA	William **Mühlfelder** *12.03.1878 in Bauerbach ∞ 09.08.1904 in Oelde ✡ 29.06.1952 in USA

Laut einer Liste ankommender Passagiere in die USA erreichten William und Martha Mühlfelder gemeinsam mit ihrer Tochter Lore am 05.12.1939 New York. Die Abreise war in Rotterdam erfolgt, auf dem Schiff „SS Statendam".

22 Vgl. http://www.webwecker-bielefeld.de/entry_30230.0.html [Zugriff 23.6.2023].

Der Sohn Werner Mühlfelder war bereits seit 1936 in Amerika. Er änderte seinen Namen und hieß dann Warren Muhlfelder.

4. Philipp **Hoffmann**
   *06.09.1882 in Oelde
   ✡ 24.08.1930 in Berlin-Schöneberg

	verheiratet mit:
5. Jenny **Hoffmann**	Julius **Stern**
*02.05.1885 in Oelde	*29.10.1877 in Homberg
✡ 29.06.1974 in USA	✡ Mai 1964 in USA
6. Otto **Hoffmann**	Else **Weis**
*06.10.1888 in Oelde	*21.04.1891 in Mainz
✡ ca. 1942 in Raasiku b. Reval (Estland)	

Kinder:

1. Liesel (Lisa) **Hoffmann**
   *19.05.1919

2. Hans **Hoffmann**
   *19.08.1927

Die Familie Otto Hoffmann lebte in Frankfurt am Main. Als Anschriften fanden sich die Eschersheimer Landstraße 39 und die Liebigstraße 1.
Die Familie soll versucht haben, die Schweiz zu erreichen. Der Plan wurde jedoch verraten und Otto, Else und Hans wurden deportiert und ermordet. Die Tochter Liesel, später Lisa, entkam wohl durch einen Aufenthalt in England (zitiert aus den in der Gedenkstätte Yad Vashem von Lisa Hoffman hinterlegten Gedenkblättern für ihre nächsten Angehörigen). Lisa Hoffman lebte später in Amerika.

Otto, Else und Hans Hoffmann sind alle drei vermerkt auf der Transportliste für den 20. Osttransport (Welle 32) mit 853 gelisteten Namen.

Zum Bahnhof Raasiku wurden 1942 während der deutschen Besetzung rund 1200 Menschen aus Frankfurt am Main und aus dem KZ Theresienstadt transportiert und in nahegelegenen Dünen ermordet.[23]

Abb. 20 – Textilgeschäft Hoffmann in Oelde, Lange Straße 45 – Der jüdische Kaufmann Nathan Hoffman erwarb 1875 das Haus Lange Straße 45. Philipp Hoffmann errichtete dort später ein großes, dreistöckiges Geschäftshaus.[24]

23 Wikipedia (https://de.wikipedia.org/wiki/Raasiku) [Zugriff 23.6.2023].

24 Albert Pauls, Oelde in alten Ansichten, hg. von Albert Pauls, Oelde 1982.

Familie Josua Hoffmann
Stadt Oelde Nr. 122 – Lange Straße 45

Josua **Hoffmann,** Handelsmann

und Sophia **Elsberg**

Kinder:	verheiratet mit:
1. Philipp **Hoffmann** *30.04.1876 in Oelde ✡ 28.09.1917 in Isegheim (Feldlazarett 55, WKI)	Betty **Rosenthal** *29.11.1885 in Hagen ✡ 22.09.1914 in Oelde
2. Ludwig **Hoffmann** *23.10.1877 in Oelde ✡ 03.04.1936 in Stettin (III)	Anna Maria Klara **Weizmann** *21.02.1870 in Klein Röhrsdorf ∞ 10.12.1908 in Stettin ✡ 03.04.1936 in Stettin (III)

Ludwig Hoffmann war Arzt und wohnte in Stettin, Mörikeweg 13. Sein Tod wurde dem Standesamt durch den Polizeipräsidenten in Stettin angezeigt. Anna Hoffmann wurde am 04.04.1936 tot aufgefunden. Auch ihr Tod wurde dem Standesamt durch den Polizeipräsidenten angezeigt. Das deutet hin auf Suizid.

3. Leonore (Lilli) **Hoffmann** *31.05.1880 in Oelde ✡ 1942 in Kulmhof (Chelmno)	Moritz **Lasch** *14.09.1864 in Köln ∞ 23.10.1900 in Oelde
4. Albert **Hoffmann** *17.04.1882 in Oelde ✡ 11.06.1915 in Stryj (Feldlazarett, WKI)	
5. Rosa **Hoffmann** *16.05.1884 in Oelde ✡ 01.06.1931 in Suttrop II bei Lippstadt	

	verheiratet mit:
6. Siegfried **Hoffmann** *10.05.1886 in Oelde (✡ ca. 1919 in USA?)	(Karoline **Simon?**)
7. Hugo **Hoffmann** *05.02.1888 in Oelde ✡ 1941	Emmy **Löwenstein** *09.08.1892 in Aplerbeck ∞ 05.05.1920 in Oelde ✡ 06.08.1944 in Riga

Salomon Löwenstein (*1861 in Aplerbeck) und Rosa Hope (*1869 in Oelde) waren die Eltern von Emmy.

Von den sieben Kindern des Ehepaares Josua und Sophia Hoffmann starben zwei Söhne im I. Weltkrieg, drei Kinder wurden Opfer des Nazi-Regimes.

Abb. 21 – Bestattet auf dem jüdischen Friedhof in Oelde

Abb. 22 – Philipp Hoffmann fiel 1917 im I. Weltkrieg. 1914 hatte er seine Frau Betty auf dem jüdischen Friedhof in Oelde bestattet.

Familie Philipp Hoffmann
Stadt Oelde Nr. 121

Philipp **Hoffmann**, Kaufmann

und Betty **Rosenthal**

Tochter:
Ruth **Hoffmann**
*14.05.1910 in Oelde
✡ (1944?) in Auschwitz

verheiratet mit:
Walter **Weinberg**
*10.08.1905 in Rheda
∞ 06.07.1934 in Oelde
✡ (1944?) in Auschwitz

Sohn:
Hans-Philipp **Weinberg**
*01.09.1942 in Westerbork, Niederlande
✡ (1944?) in Auschwitz

Ruth Hoffmann war bereits mit knapp sieben Jahren Vollwaise. Die Mutter starb 1914, der Vater im I. Weltkrieg im Jahr 1917. Es ist anzunehmen, dass das Kind bei der Großmutter Sophia Hoffmann geb. Elsberg aufwuchs, mit Unterstützung von Onkel Hugo und Tante Emmy Hoffmann.

Walter Weinberg war Kaufmann in Rheda. Dort wohnten Walter und Ruth nach der Heirat. Das Ehepaar Weinberg emigrierte 1935 nach Palästina, kehrte aber nach Rheda zurück. Walter, Ruth und ihr kleiner Sohn Hans-Philipp wurden in Auschwitz ermordet (sh. Stolperstein-Broschüre Rheda).

Walters Schwester Ruth Weinberg (1907-1974) war verheiratet mit Hugo Spiegel (1905-1987) aus Versmold. Sie waren die Eltern von Paul Spiegel (1937-2006), dem späteren Vorsitzenden des Zentralrats der Juden in Deutschland.

Abb. 23 - Stolpersteine in Rheda, Wilhelmstraße 30

Familie Hugo Hoffmann
Oelde, Lange Straße 45

Familie Hoffmann führte ein großes Textilgeschäft in der Lange Straße 45.[21]

Hugo **Hoffmann**

und Emmy **Löwenstein**

Kinder:

1. Charlotte (Lotte) **Hoffmann**
   *15.12.1921 in Oelde

2. Margret (Margie) **Hoffmann**
   *09.05.1924 in Oelde

3. Hans-Joachim **Hoffmann**
   *07.03.1926 in Oelde
   ✡ 1997 in USA

J. Hoffmann
Oelde in Westfalen
Langestraße 45 Fernspr. 189
Billigste Bezugsquelle für
Manufakturwaren, Damen-
und Herren-Konfektion
Große Spezialabteilung für
Gardinen-
und Innen-Dekoration

Abb. 24 - Werbung im Adressbuch Oelde von 1926

Emmy Hoffmann und ihre Kinder Margret und Hans-Joachim Hoffmann wurde 1941 nach Riga deportiert.
Sie leisteten dort Zwangsarbeit. Am 03.08.1944 wurden etwa 1600 Menschen auf geschlossenen Lastwagen in knieender Stellung abtransportiert. Unter ihnen war auch Emmy Hoffmann. All diese Menschen wurden im Hochwald von Riga ermordet und in Massengräbern verscharrt.
Hans-Joachim Hoffmann, der die Shoah überlebte und nach Amerika auswanderte, verfasste einen Bericht über das Schicksal seiner Mutter mit dem Titel „Erinnerungen".[25] Dieser Bericht ist nachzulesen in dem Buch „Ausgegrenzt - Anerkannt - Ausgelöscht" von Walter Tillmann[26].

---

25 Pauls, Oelde - die Stadt, in der wir leben, S. 690

26 Hoffmann, Hans-Joachim, Erinnerungen, in: Tillmann, Ausgegrenzt, S. 195-197, 253.

Abb. 25 - Stolperstein Lange Straße 45

Für Hugo Hoffmann gibt es unterschiedliche Informationen.
Auf dem Stolperstein in Oelde ist zu lesen: "Eingewiesen Heilanstalt Niedermarsberg Schicksal unbekannt"

Im Gedenkbuch „Opfer der Verfolgung der Juden unter der nationalsozialistischen Gewaltherrschaft in Deutschland 1933 - 1945“ findet sich folgender Eintrag für Hugo Hoffmann:
Deportation
ab Warstein, Provinzial-Heilanstalt
20. September 1940, Wunstorf, Heil- und Pflegeanstalt
27. September 1940, Brandenburg a. d. Havel, Tötungsanstalt
Todesdatum: 27.09.1940
Todesort: Brandenburg a. d. Havel
Schicksal: Euthanasie[27].

Es gibt eine Sterbeurkunde, ausgestellt vom Standesamt Cholm II, Nr. 206/1941. In diesem Dokument ist das Sterbedatum 04.03.1941 angegeben und als Sterbeort Cholm.[28]

Die Tochter Lotte Hoffmann, deutsche Staatsangehörige, jüdischen Glaubens, wurde von ihrem Onkel Regierungs-Medizinalrat Dr. Ludwig Hoffmann in Stettin an Kindesstatt angenommen. Sie besuchte die Schule in Stettin, dann in Breslau. Im Juli 1939 war sie im Rahmen eines Schüleraustausches

27 Gedenkbuch Opfer der Verfolgung der Juden

28 KAW Oelde B 3118, Zusammenstellung jüdische Bürger in Oelde

nach England ausgereist und verblieb dort bis 1946. Dort war sie die ganze Zeit als Kindergarten-Lehrerin beschäftigt. Nach der Rückkehr 1946 nach Deutschland studierte sie Sprachwissenschaft an der Universität Münster/ Westf.[29]

Die Tochter Margret wurde über Köln und Münster in das Ghetto Riga deportiert. Sie leistete Zwangsarbeit in verschiedenen Lagern. Margret Hoffmann überlebte die Shoah. Sie heiratete 1949 Herbert Oppenheimer in Frankfurt am Main. Die Tochter Ruth kam dort 1950 zur Welt. Im Jahr 1951 wanderte die Familie von Frankfurt aus über Italien nach Australien ein und 1953 dann in die USA. Zwei weitere Kinder, die in Amerika geboren wurden, komplettierten die Familie, die in Chicago lebte.[30]

Lotte

Die glückliche Geburt eines gesunden

Töchterchens

zeigen in dankbarer Freude an

Hugo Hoffmann und Frau Emmy

geb. Löwenstein.

Oelde, 15. Dezember 1921.

Abb. 26

Abb. 27 – Grabstein auf dem jüdischen Friedhof in Oelde für Hugo und Emmy Hoffmann, errichtet von ihren Kindern.

29 Pauls, Oelde - die Stadt, in der wir leben, S. 691

30 Arolsen Archives, DocID: 81730015

Abb. 28 - Gedenkstätte im Wald von Bikernieki (Riga)

Text auf der Gedenktafel:
Hier im Wald von Bikernieki wurden in den Jahren 1941 bis 1944 durch das NS-Regime und dessen freiwillige Helfer Tausende Juden aus Lettland, Deutschland, Österreich und Tschechien sowie politisch Verfolgte und sowjetische Kriegsgefangene ermordet.

Familie Philipp Hope
Stadt Oelde Nr. 230

Philipp **Hope,** Handelsmann
*26.10.1806 in Verl
✡ 26.07.1877 in Oelde

und Lisette **Wallerstein**
*1801 in Oelde
✡ 27.10.1874 in Oelde

Heirat: 08.11.1826 in Oelde

Kinder:	verheiratet mit:
1. NN (m) **Hope** ✡ 12.08.1827 in Oelde Der Junge wurde tot geboren.	
2. Fanny **Hope** *06.08.1829 in Oelde (Nachkommen sh. Fam. Elsberg)	Lefmann **Elsberg** *18.04.1826 in Oelde
3. Moses **Hope** *30.04.1831 in Oelde ✡ 05.10.1915 in Oelde	I. Ranchen **Hoffmann** *05.06.1840 in Oelde ∞ 06.06.1862 in Oelde ✡ 06.10.1869 in Oelde II. Jetta **Hoffmann** *04.06.1845 in Oelde ∞ 13.07.1870 in Oelde ✡ 06.09.1880 in Oelde

Ranchen und Jetta Hoffmann, die beiden Ehefrauen von Moses Hope, waren Schwestern.

	verheiratet mit:
4. Bendix **Hope** *16.06.1832 in Oelde	
5. Leopold **Hope** *30.01.1834 in Oelde	
6. Josua **Hope** *25.05.1835 in Oelde ✡ 19.04.1910 in Oelde (Keine Nachkommen)	Ranchen Aaron gt. **Weinberg** *03.01.1840 in Oelde ∞ 14.11.1865 in Oelde ✡ 27.05.1901 in Oelde
7. Jacob **Hope** *18.09.1837 in Oelde ✡ 28.05.1903 in Oelde	Johanna (Hannchen) **Elsberg** *28.04.1846 in Oelde ∞ 30.11.1866 in Oelde ✡ 09.12.1898 in Oelde
8. Röschen **Hope** *26.10.1839 in Oelde	Benjamin **Berendsen** *ca. 1845 in Wisch, Gelderland ∞ 31.08.1875 in Oelde

Familie Moses Hope (I)
Stadt Oelde Nr. 265

Moses **Hope**

und Ranchen **Hoffmann** (I. Ehefrau)

Kinder:

1. Lena **Hope**
   *29.09.1862 in Oelde

2. Hedwig **Hope**
   *13.10.1865 in Oelde

3. Bertha **Hope**
   *31.08.1867 in Oelde

4. Sophie **Hope**
   *31.08.1867 in Oelde
   ✡ 15.02.1929 in Oelde

Sophie Hope war Händlerin und hatte ein kleines Geschäft in Oelde an der Ruggestraße im Haus, das später Mellage gehörte und dessen Platz in die Konrad-Adenauer-Allee einbezogen worden ist.[31]

Abb. 29 – Werbeanzeige in „Die Glocke" vom 19.10.1901

Sophie Hope wohnte in Oelde, Ruggestraße Nr. 34.

5. Rosa **Hope**
   *24.07.1869 in Oelde

verheiratet mit:
Salomon **Löwenstein**
*13.05.1861 in Aplerbeck

31 Pauls, Oelde – die Stadt, in der wir leben, S. 691.

Abb. 30 - Ruggestraße 34 (rechts das erste Haus)

Abb. 31 - Ruhestätte für Moses Hope und seine Tochter Sophie Hope auf dem jüdischen Friedhof in Oelde.

Familie Moses Hope (II)
Stadt Oelde Nr. 265

Moses **Hope**, Handelsmann, Metzger und Lohgerber

und Jetta **Hoffmann** (II. Ehefrau)

Kinder:	verheiratet mit:
1. Johanna **Hope** *08.11.1870 in Oelde ✡ 21.12.1917 in Oelde (Nachkommen sh. Familie Steinberg)	Louis **Steinberg** *19.06.1882 in Liemke ∞ 21.01.1905 in Oelde 1941 deportiert nach Riga
	II. Minna **Josephs** *31.10.1879 in Jever 1941 deportiert nach Riga
2. Nathan **Hope** *16.06.1873 in Oelde	
3. Louis (Nathan) **Hope** *07.03.1876 in Oelde ✡ 06.09.1928 in Gütersloh	Therese **Ruthenburg** *21.11.1867 in Gütersloh ✡ 28.11.1927 in Gütersloh
Kinder: 1. Lucia oder Lucie **Hope** *09.12.1896 in Gütersloh ✡ 1944 in Stutthof	Max **Levy** *1884 in Lippstadt ✡ 1939 in Lippstadt

Lucia Levy geb. Hope war von Lippstadt kommend 1940 in die Lange Straße 45 in Oelde gezogen (Fam. Hoffmann). Auf dem Friedhof in Lippstadt (jüdischer Friedhofsteil) wurde ein Grabstein für sie aufgestellt. Max Levy wurde 1938 in der Pogromnacht verhaftet und starb 1939 an den Folgen der Haft. Die gemeinsamen Kinder Georg und Ursula Levy wurden 1945 aus dem KZ Bergen-Belsen befreit, wanderten 1947 zu ihrer Tante Irmgard Mueller-Hope in die USA aus und wurden von ihr und ihrem Ehemann Dr. Josef Mueller adoptiert.[32]

2. Paul **Hope**
   *24.06.1899 in Gütersloh
   ✡ 14.10.1942 in Auschwitz

3. Irmgard **Hope**
   *1906

   verheiratet mit:
   Josef **Mueller,** Arzt

Therese Hope geb. Ruthenburg hatte aus ihrer ersten Ehe mit Moritz gt. Moses Wolf die Kinder Sofie Wolf (* 1892) und Rudolf Wolf (* 1894). Rudolf gelang die Flucht aus Deutschland. Er starb 1981 in Argentinien. Sofie war verheiratet mit Albert Schönenberg. Das Ehepaar starb 1943 in Auschwitz. Therese Hope geb. Ruthenburg und Berta Schreiber geb. Ruthenburg waren Schwestern.

4. Josua **Hope**
   *07.07.1878 in Oelde
   ✡ 17.09.1934 in Oelde

   Jenny **Baum**
   *05.05.1879 in Dortmund
   ✡ 1957 in USA

32 Stolpersteine in Gütersloh – Ihr Name lebt weiter (Broschüre, hg. von der Stadt Gütersloh), Gütersloh 2022.

Familie Josua Hope
Oelde, Trippenhof 4 (heute Volksbank)

Josua **Hope**, Viehhändler

und Jenny **Baum**

Kinder:	verheiratet mit:
1. Gertrud (Trude) **Hope**	Franz **Koenig**
*25.06.1905 in Oelde	*1904 in Oelde
† 1998 in Los Angeles, USA	∞ 27.05.1938 in USA
	† 1989 in Los Angeles, USA

Trude Hope hatte Klavierkonzerte gegeben und auch Musikunterricht erteilt. Als ihr die Mitgliedschaft in der Reichsmusikkammer Berlin gekündigt wurde und sie nicht mehr unterrichten oder Konzerte geben durfte, reifte in Trude Hope der Entschluss, Deutschland zu verlassen.
Sie reiste über Rotterdam und Southampton auf dem Schiff „SS Statendam" in die USA. Am 17.12.1936 kam sie in New York an. Erst 1 ½ Jahre später gelang es dem Katholiken Franz Koenig (König) seiner Liebe nach Amerika zu folgen. Seine Schiffspassage startete ebenfalls in Rotterdam. Er kam am 24.05.1938 in New York an. Trude und Franz waren bereits viele Jahre vor ihrer Auswanderung ein Paar, unter schwierigen Bedingungen, mit Treffen im Verborgenen und unter Mithilfe von den jeweiligen Geschwistern und guten Freunden als Komplizen in ihrer Liebesgeschichte.[33]

Musikalische
Abendunterhaltung
am 4. September 1927 um 8 Uhr abends im
Kolpinghause zu Oelde i. W.
MITWIRKENDE:
Fräulein Trude Hope, Oelde, am Klavier
Herr Konzertmstr. Berthold, Stadttheater Düsseldorf, Geige
Herr Bernhard Pott, Stadttheater Greifswald, Baß
Eintrittspreis 1.00 Mk. Karten im Vorverkauf in den Buchhandlungen E. Holterdorf, E. Scholz, beim Friseur Konrad Klüsener sowie an der Abendkasse ab 7½ Uhr

Abb. 32 – Anzeige in der „Beckumer Volkszeitung" 1927

33 Trude König – rechtzeitige Flucht dank Berufsverbots, in: Tillmann: Ausgegrenzt, S. 201-231.

2. Fritz **Hope**
   * 12.07.1906
   ✡ 1979 in Israel

3. Else **Hope**
   * 16.11.1910 in Oelde
   ✡ 1985

4. Annie **Hope**
   * 17.07.1912 in Oelde

Jenny Hope geb. Baum und ihre Kinder flohen aus Deutschland und sind so der Shoah entkommen. Die Töchter lebten in Amerika, Sohn Fritz lebte seit 1935 in Israel (Meldekartei Oelde B 3118 im Kreisarchiv Warendorf). Josua Hope war bereits 1934 verstorben. Annie Hope war verheiratet mit Wolf Gordon.
Von Juni bis Dezember 1937 lebte Jenny Hope in Oelde, Lange Straße 45, im Haus der Familie Hoffmann (Meldekartei Oelde B 3118 im Kreisarchiv Warendorf).

Familie Jacob Hope
Stadt Oelde Nr. 225 – vermutlich Ruggestraße Nr. 7

Jacob **Hope**, Handelsmann

und Johanna (Hannchen) **Elsberg**

Kinder:	verheiratet mit:
1. Fanny **Hope** * 17.03.1868 in Oelde	Moses **Strauss** * 29.12.1861 in Elten ∞ 23.02.1891 in Oelde
2. Iwan **Hope** * 08.05.1869 in Oelde	
3. Elias Ernst **Hope** * 14.08.1872 in Oelde ✡ in Riga	
4. Max **Hope** * 05.03.1874 in Oelde ✡ 01.05.1958 in USA	Natalie **Sondheimer** * 27.10.1875 in Wattenscheid ∞ 06.11.1904 in Wattenscheid ✡ 25.05.1949 in USA

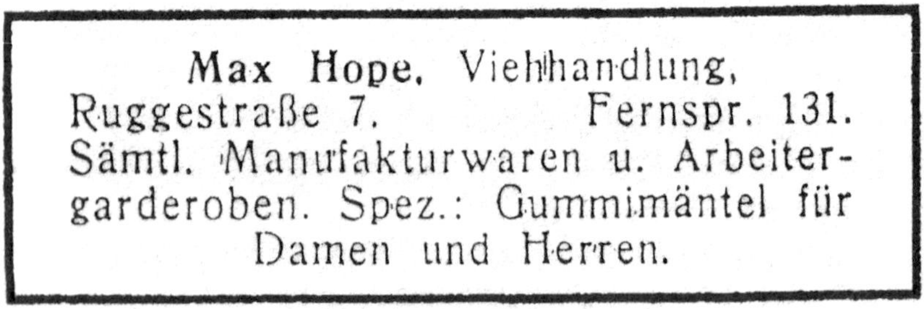

Max Hope, Viehhandlung,
Ruggestraße 7. Fernspr. 131.
Sämtl. Manufakturwaren u. Arbeitergarderoben. Spez.: Gummimäntel für Damen und Herren.

Abb. 33 – Werbung im Adressbuch Oelde von 1926

	verheiratet mit:
5. Lisette **Hope**	Josef **Levy**
*26.10.1875 in Oelde	*20.02.1867
	∞ 31.10.1902 in Oelde

6. NN (m) **Hope**
*und ✡ 14.02.1878 in Oelde

7. Rudolf **Hope**
*08.10.1879 in Oelde

8. Jenni **Hope**
*04.08.1882 in Oelde

Familie Max Hope
Oelde, Ruggestraße Nr. 7

Max **Hope**, Viehhändler

und Natalie **Sondheimer**

Kinder:

1. Hans (Jack) **Hope**
   * 03.08.1905 in Oelde

2. Hilde **Hope**
   * 17.01.1907 in Oelde

Die Familie betrieb ein kleines Textilgeschäft.[34] Die Familie Max Hope ist der Shoah entkommen. Sie flüchtete 1937 in die USA.

Abb. 34 – Ruggestraße 7 in Oelde, auf der rechten Seite (Personen im Eingang)

34 Pauls, Oelde – die Stadt, in der wir leben, S. 691.

Familie Jacobsohn
Oelde

Joseph **Jacobsohn,** Kaufmann
*ca. 1771
✡ 13.06.1842 in Oelde

und Eva **Abraham**
*1774
✡ 12.06.1824 in Oelde

Kinder:	verheiratet mit:
1. Sara **Jacobsohn** *1804 ✡ 25.12.1838 in Oelde (Nachkommen sh. Fam. Windmüller)	Isaac (Itzig) **Windmüller** *04.12.1803 in Beckum ∞ 14.01.1835 in Oelde ✡ 07.08.1884 in Oelde
2. Caroline **Jacobsohn** *Januar 1805 in Oelde ✡ 23.02.1881 in Münster	Philipp **Stolzberg** *Dezember 1787 in Münzenberg ✡ 25.01.1877 in Münster
Kinder:	
1. Fanni **Stolzberg** *25.07.1831 in Wolbeck ✡ 05.03.1900 in Beckum	Philipp **Stein** *22.02.1827 in Beckum ✡ 01.06.1902 in Beckum
2. Jacob **Stolzberg** *25.01.1835 in Wolbeck ✡ 21.11.1921 in Münster	Sartine **Reingenheim** *30.01.1849 in Westerkappeln ✡ 21.05.1913 in Münster

Sartines Schwester Sophie Reingenheim (1857-1921) war verheiratet mit Philipp Windmüller (1846-1907) in Beckum.

3. Ida **Stolzberg**
   *04.03.1838 in Wolbeck
   ✡ in Beckum

verheiratet mit:
Heimann **Stein,** Kaufmann
*1824 in Beckum
∞ 14.12.1859 in Beckum
✡ 01.08.1895 in Beckum

Kinder:

1. Fromma **Stein**
   *30.12.1860 in Beckum

2. Simon **Stein**
   *21.03.1862 in Beckum

3. Adelheid **Stein**
   *07.07.1863 in Beckum

4. Josef **Stein**
   *02.05.1865 in Beckum

5. Samuel **Stein**
   *17.04.1867 in Beckum

6. Leopold **Stein**
   *18.10.1869 in Beckum

7. Rosalchen **Stein**
   *ca. 1871

8. Sophia **Stein**
   *25.01.1871 in Beckum

9. Emil **Stein**
   *12.06.1873 in Beckum

	verheiratet mit:
3. Jacob **Jacobsohn,** Handelsmann	Bernardina **Bacharach**
*ca. 1807	*1813
✡ 26.05.1841 in Oelde	∞ 20.09.1837 in Oelde

Kinder:

1. David **Jacobsohn**	Karoline **Wolf**
*13.07.1838 in Oelde	∞ 09.06.1864 in Frankfurt (Main)
✡ 13.10.1888 in Frankfurt (Main)	

David Jacobsohn war Kaufmann in Frankfurt am Main. Aus seiner Ehe mit Karoline Wolf ist die Tochter Bertha bekannt, geboren am 23.03.1865. Diese war verheiratet mit Joseph Levi, geboren am 24.06.1849.

2. Jacob **Jacobsohn**
*21.07.1841 in Oelde
✡ 26.10.1841 in Oelde

4. Abraham **Jacobsohn**	Bertha (Bernardine) **Falk**
*Mai 1809 in Oelde	
✡ 27.04.1883 in Münster	

Kinder:

1. Eva **Jacobsohn**	Abraham **Stein**
*1840 in Beckum	∞ 07.11.1861 in Beckum
2. Joseph **Jacobsohn**	Amalie **Cahn**
*1843 in Beckum	∞ 04.08.1873
3. Amalie **Jacobsohn**	Simon Philipp **Stolzberg**
*28.11.1846	∞ 18.10.1866 in Münster
4. Sara **Jacobsohn**	
*13.07.1849	

5. Isaac **Jacobsohn**
   *13.07.1849

6. Nathan **Jacobsohn** — verheiratet mit: Clementine **Simon**
   *25.07.1852 — ∞ 24.02.1885 in Trier

Abraham Jacobsohn war Kaufmann in Beckum.

5. Nathan **Jacobsohn**	Blondchen **Bacharach**
*ca. 1814 in Oelde	*ca. 1807 in Paderborn
✡ 08.07.1884 in Berlin	✡ 15.12.1888 in Berlin

Nathan Jacobsohn war 1884 Privatier und wohnte in Berlin, Burgstraße 21. Die Kinder wurden in Paderborn geboren. Dort war ihr Vater als Kaufmann tätig.

Kinder:

1. David **Jacobsohn**	Rahel **Bretzfeld**
*10.07.1841	
2. Emma **Jacobsohn**	
*20.02.1843	
3. Joseph **Jacobsohn**	Bertha gt. Betty **Jacoby**
*01.01.1845	
4. Moses **Jacobsohn**	
*29.12.1846	
5. Jakob **Jacobsohn**	Natalie **Jacoby**
*07.11.1848	
6. Felix **Jacobsohn**	Anna **Neufeld**
*24.11.1852	

7. Julchen **Jacobsohn**
   * 19.05.1855

	verheiratet mit:
6. Hannchen **Jacobsohn**	Isaac (Itzig) **Windmüller**
* 16.09.1816 in Oelde	* 04.12.1803 in Beckum
✡ 16.07.1888 in Oelde	∞ 04.02.1840 in Oelde
(Nachkommen sh. Fam. Windmüller)	✡ 07.08.1884 in Oelde

Isaac Windmüller war Witwer von Hannchens Schwester Sara Jacobsohn (1804-1838).

Familie Anton Marcus
Oelde

Anton **Marcus** (* Levi Marcus) Metzger, Viehhändler und Kaufmann
ca. 1791
† 25.05.1876 in Oelde

Christina **Stammes**
~ 17.01.1800 in Oelde
† 18.03.1853 in Oelde

Heirat: 28.10.1823 in Oelde

Kinder:	verheiratet mit:
1. Henrich Mathias **Marcus** * 12.09.1824 in Oelde † 09.08.1846 in Oelde	
2. Maria Magdalena **Marcus** * 17.05.1826 in Oelde † 30.03.1851 in Oelde (1. Ehefrau von Franz Pott)	Franz **Pott** * 25.05.1809 in Oelde ∞ 28.11.1848 in Oelde † 14.02.1862 in Oelde
3. Maria Gertrud Bernardina **Marcus** * 06.05.1828 in Oelde † 01.07.1858 in Oelde (1. Ehefrau von Theod. Anton Meis)	Theodor Anton **Meis** * 01.02.1820 in Oelde ∞ 25.11.1851 in Oelde † 24.05.1899 in Oelde
4. Elisabeth **Marcus** * 13.01.1830 in Oelde † 18.08.1909 in Oelde (2. Ehefrau von Franz Pott)	Franz **Pott** * 25.05.1809 in Oelde ∞ 25.01.1853 in Oelde † 14.02.1862 in Oelde

	verheiratet mit:
5. Katharina **Marcus**	Theodor Anton **Meis**
* 21.02.1832 in Oelde	* 01.02.1820 in Oelde
† 28.04.1897 in Oelde	∞ 03.08.1859 in Oelde
(2. Ehefrau von Theod. Anton Meis)	† 24.05.1899 in Oelde
6. Johann Anton **Marcus**	
* 28.10.1833 in Oelde	
7. Joseph Wilhelm Anton **Marcus**	
* 17.07.1835 in Oelde	
8. Maria Anna Theodora **Marcus**	Heinrich **Pott**
* 10.05.1837 in Oelde	* 03.12.1838 in Oelde
† 02.05.1927 in Oelde	∞ 23.11.1864 in Oelde
	† 02.10.1924 in Oelde

Die Nachfahren nannten sich Pott-Marcus zur Unterscheidung der zahlreichen Familien Pott in Oelde.[35]

9. NN (w) **Marcus**	
*/ † 18.02.1839 in Oelde	
10. Christina **Marcus**	I. Adolph Maria Anton Victor **Tacke**
* 26.04.1840 in Oelde	* 29.08.1836 in Oelde
	∞ 23.11.1864 in Oelde
	† 21.11.1867 in Oelde
	II. Franz **Wolff**
	* ca. 1844 in Ratingen
	∞ 06.11.1873 in Oelde
	† 01.01.1897 in Oelde

35 Tillmann, Ausgegrenzt, S. 65.

Franz Wolff war Hotelbesitzer in Oelde. Er gehörte 25 Jahre dem Vorstand des Krieger-Vereins in Oelde an, wovon er 18 Jahre das Präsidium innehatte. Franz Wolff war Teilnehmer in den Feldzügen 1866 und 1870/71.

11. NN (m) **Marcus**
*/ † 25.12.1842 in Oelde

Die Familie Marcus wird hier der Vollständigkeit halber aufgeführt.
Anton Marcus (* Levi Marcus) war Jude und hatte sich, aus Nieder-Mockstedt in Hessen stammend, in Oelde niedergelassen. Im Jahr 1821, nachdem er bereits fast zwei Jahre beim Oelder Metzger Asser Aschenberg gearbeitet hatte, drohte ihm behördlicherseits die Ausweisung. Diese Ausweisung konnte er abwenden, indem er sich am 04.10.1821 in Oelde katholisch taufen ließ. Als Levi Marcus geboren, erhielt er in der Taufe die Vornamen Franz Anton Augustin.[36]

In den katholischen Kirchenbüchern in Oelde wird Franz Anton Augustin Marcus später als Anton Marcus geführt. Zwei Jahre nach seiner Taufe heiratete Anton Marcus die aus Oelde stammende Christina Stammes. Sie hatten elf Kinder, von denen zwei bereits am Tag der Geburt verstarben.

Ins Visier der Behörden rückte die Familie wieder in der Zeit des Nationalsozialismus im Jahr 1937 durch ein Schreiben eines Standesbeamten aus Ahlen an seinen Kollegen in Oelde (sh. KAW Oelde B 3254).
Die Nachfahren der Familie Marcus scheinen diese Zeit unbeschadet überstanden zu haben.

36 Vgl. auch Levi Marcus: Wer sich aber taufen lässt ..., in: Tillmann, Ausgegrenzt, S. 65.

Familie Meyer
Oelde

Herz **Meyer,** Färber und Lehrer
*17.04.1824

und Lena **Blumenau**
*14.08.1830 in Bünde

Heirat: 03.09.1851 in Oelde

Kinder: — verheiratet mit:

1. Louise **Meyer**
   *30.07.1852 in Oelde

2. Karl **Meyer**
   *17.07.1854 in Oelde

3. Hermann **Meyer**
   *13.07.1856 in Oelde

4. Ida **Meyer**
   *24.04.1858 in Oelde
   ✡ Juni 1942 in Herstelle

   verheiratet mit: Siegfried **Kohlberg**
   *09.05.1854 in Herstelle
   ✡ 27.01.1927 in Herstelle

5. Alex **Meyer**
   *03.01.1860 in Oelde

6. Paula **Meyer**
   *21.01.1862 in Oelde

Die Familie ist aus Oelde weggezogen.[37]

37 Tillmann, Ausgegrenzt, S. 258.

Familie Norden
Oelde

Philipp **Norden,** Klempner
*24.06.1813 in Werther

und Helena **Löwenstein**

Kinder:	verheiratet mit:
1. Felix **Norden** *um 1836	
2. Levi **Norden** *05.07.1839 in Oelde	
3. Joseph **Norden** *27.12.1840 in Oelde	
4. Benjamin **Norden** *25.12.1842 in Oelde ✡ 12.01.1845 in Oelde	
5. Esther **Norden** *29.07.1845 in Oelde zog nach Frankreich	Louis Joseph **Frilley** ∞ 27.03.1877 in Frankreich
6. Julchen od. Jette **Norden** *13.10.1847 in Oelde	
7. Sophia **Norden** *um 1848	
8. Sara **Norden** *26.09.1849 in Oelde	

9. Bertha **Norden**
   * Dez. 1851 in Oelde,
   ✡ 21.05.1852 in Oelde

10. Julchen **Norden**
    * 08.06.1853 in Oelde

11. Hannchen **Norden**
    * 09.09.1855 in Oelde
    lebte um 1907 verwitwet in Köln

    verheiratet mit:
    Anton **Nolden**

Die Familie ist aus Oelde weggezogen.[38]

Mit Hermann Norden wurde am 04.07.1858 in Sterkrade ein weiterer Sohn der Familie geboren. Er starb am 21.12.1907 in Schwäbisch-Hall. In seiner Sterbeurkunde ist vermerkt, dass die Eltern Philipp und Helena Norden zuletzt in Mülheim an der Ruhr gelebt haben.

Die Geburten der Kinder Felix Norden, geboren um 1836, und Sophia Norden, geboren um 1848, konnten bisher nicht mit Urkunden belegt werden.

38 Tillmann, Ausgegrenzt, S. 259.

Familie Coppel Schreiber
Stadt Oelde Nr. 213 – Ruggestraße Nr. 2

Coppel **Schreiber,** Handelsmann und Viehhändler
*15.09.1829 in Erwitte
✡ 29.05.1918 in Oelde

und Henriette (Jetta) **Stern** (sh. Fam. Stern)
*09.05.1828 in Oelde
✡ 29.01.1908 in Oelde

Heirat: 05.10.1857 in Oelde

Kinder:	verheiratet mit:
1. Elfriede **Schreiber**	Benjamin **Horn**
*04.12.1858 in Oelde	*22.09.1855 in Vorst
✡ 18.10.1942 in Theresienstadt	✡ 16.04.1941 in Vorst

Benjamin und Elfriede Horn hatten die Söhne Carl (*1892), Paul (*1893), Max (*1897) und Joseph Horn (*1898). Die Metzgerei der Familie in Vorst wurde in der Pogromnacht zerstört. Benjamin Horn starb kurz vor der bevorstehenden Deportation. Carl Horn konnte mit Ehefrau Irene und den Söhnen Walter und Werner nach Ecuador flüchten, 1946 zogen sie nach Seattle in Amerika. Joseph Horn gelang die Flucht nach Neuseeland. Paul Horn wurde nach Riga deportiert, wo sich seine Spur verliert.[39]

2. Auguste **Schreiber**
*22.01.1861 in Oelde
✡ 29.05.1861 in Oelde

---

39 Wikipedia (Liste der Stolpersteine in Tönisvorst – Wikipedia) [Zugriff 23.6.2023].

	verheiratet mit:
3. Mathilde **Schreiber**	Siegmund **Feldheim**
*17.03.1862 in Oelde	*27.11.1855 in Dortmund-Hörde
✡ in Theresienstadt	✡ 01.02.1925 in Dortmund-Hörde

Tochter Ella Horn geb. Feldheim (*17.10.1892 in Dortmund-Hörde) wurde mit ihrem Ehemann Paul Horn und der gemeinsamen Tochter Lore Horn 1941 nach Riga deportiert. Für Paul und Ella Horn verlieren sich hier die Spuren. Lore Horn wurde von Riga in das Konzentrationslager Stutthof verschleppt. Nach ihrer Befreiung dort lebte sie später in Amerika.

4. Louis **Schreiber**	Berta **Ruthenburg**
*27.06.1864 in Oelde	*13.11.1866 in Gütersloh
✡ 03.06.1938 in Oelde	✡ 18.10.1938 in (Telgte?)
5. Albert **Schreiber**	Rosa **Eppinghausen**
*10.02.1866 in Oelde	∞ 05.09.1893 in Dortmund
(✡ 02.04.1942 in Köln Ehrenfeld?)	
Kinder:	
1. Irma **Schreiber**	I. Alfred **Emmerich**
*14.06.1894 in Annen	II. Adolph **Lehman**
2. Rudolf **Schreiber**	
*19.04.1899 in Annen	
3. Gertrud **Schreiber**	Elieser Leo **Gumpert**
*13.04.1903 in Annen	*16.06.1877 in Parchim
✡ 02.05.1945 in Tröbitz	✡ 24.03.1945 in KZ Bergen-Belsen
6. Julius **Schreiber**	
*05.02.1867 in Oelde	
✡ 22.02.1867 in Oelde	

7. Paula **Schreiber**
*20.02.1868 in Oelde
✡ 23.04.1935 in Horstmar

verheiratet mit:
Josef **Nathan**
*14.05.1864 in Billerbeck
deportiert in das Ghetto Riga

Kinder:

1. Fritz **Nathan**
*06.04.1895 in Horstmar
✡ 1972 in USA

Henny **Hertz**
*11.05.1901 in Ostenfelde

2. Otto **Nathan**
*17.03.1899 in Horstmar

3. Helene **Nathan**
*15.03.1902 in Horstmar

4. Ella **Nathan**
*13.08.1903 in Horstmar

8. Alex **Schreiber**
*17.06.1870 in Oelde
✡ 11.03.1926 in Oelde

Selma **Stern**
*05.11.1878 in Witten
✡ 25.03.1942 in Riga

Alex Schreiber erwarb um 1900 ein großes Grundstück in der Wallstraße/Ecke Kleygarten und baute dort ein Wohnhaus mit Stallgebäude.[40]

9. Max **Schreiber**
*05.07.1872 in Oelde
✡ 19.09.1872 in Oelde

40 Pauls, Oelde - die Stadt, in der wir leben, S. 676.

Abb. 35 – Auf der rechten Seite lag das Haus von Dachdeckermeister Anton Bröcker in der Wallstraße 16, dann folgte das Haus Wallstraße 18, das von Alex Schreiber erbaute Haus, etwas verdeckt. Zwischen den beiden Häusern verläuft die Straße Kleygarten.

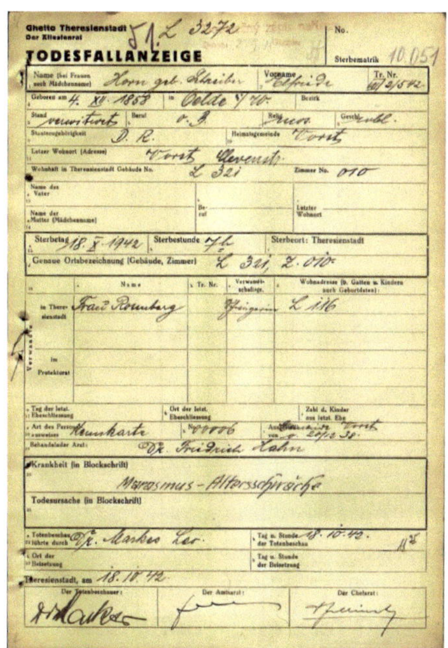

Ghetto Theresienstadt
Der Ältestenrat
51. L 3272

No.

TODESFALLANZEIGE

Sterbematrik 10.051

Name (bei Frauen auch Mädchenname) Horn geb. Schreiber | Vorname Elfriede | Tr. Nr. XI/2/542

Geboren am 4. XII. 1858 | in Oelde i/W. | Bezirk

Stand verwitwet | Beruf o. B. | Relig. mos. | Geschl. weibl.

Staatsangehörigkeit D. R. | Heimatgemeinde Vorst

Letzter Wohnort (Adresse) Vorst

Wohnhaft in Theresienstadt Gebäude No. L 321 | Zimmer No. 010

Name des Vater | Beruf | Letzter Wohnort

Name der Mutter (Mädchenname)

Sterbetag 18. X. 1942 | Sterbestunde 7 h | Sterbeort: Theresienstadt

Genaue Ortsbezeichnung (Gebäude, Zimmer) L 321, Z. 010.

Verwandte	Name	Tr. Nr.	Verwandtschaftsgr.	Wohnadresse (b. Gatten u. Kindern auch Geburtdaten):
in Theresienstadt	Frau Rosenberg			L 116
im Protektorat				

Tag der letzt. Eheschliessung | Ort der letzt. Eheschliessung | Zahl d. Kinder aus letzt. Ehe

Art des Personalausweises Kennkarte | No 00006 | Ausgestellt von [illegible] Vorst 20/12 38.

Behandelnder Arzt: Dr. Friedrich Kahn

Krankheit (in Blockschrift)

Marasmus – Altersschwäche

Todesursache (in Blockschrift)

Totenbeschau führte durch Dr. Markus Leo | Tag u. Stunde der Totenbeschau 18. 10. 42. 11[25]

Ort der Beisetzung | Tag u. Stunde der Beisetzung

Theresienstadt, am 18. 10. 42.

Der Totenbeschauer: | Der Amtsarzt: | Der Chefarzt:

Abb. 36 – Totenschein für Elfriede Horn geb. Schreiber, gestorben am 18.10.1942 in Theresienstadt. Als Todesursache wurde Altersschwäche angegeben. Der Totenschein ist im Nationalarchiv Prag archiviert. (Nationalarchiv Prag > Židovské matriky > Ohledací listy – ghetto Terezín > Band 41)

Familie Louis Schreiber
Oelde, Ruggestraße Nr. 2

Louis **Schreiber,** Viehverteiler

und Berta **Ruthenburg**

Kinder:

1. Lilly **Schreiber**
   *01.12.1895 in Oelde
   ✡ 29.03.1943 in Riga

   Tochter:
   Ellen **Löwenstein**
   *08.06.1921 in Hamm

verheiratet mit:

Adolf **Löwenstein**
*02.12.1880 in Ahaus
∞ 11.08.1920
✡ 31.10.1943 in Riga

Joachim **Laumann**
*21.02.1913 in Königsberg
✡ in Riga

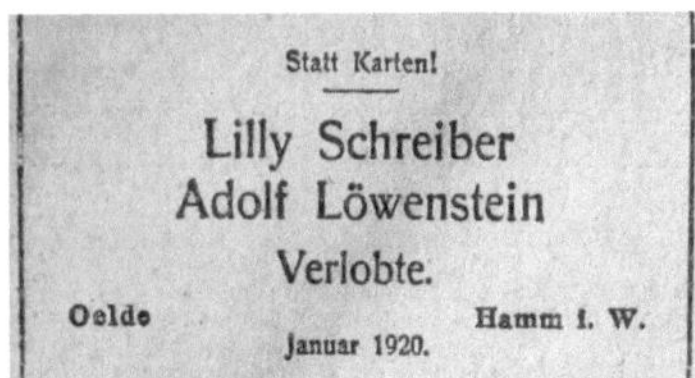

Statt Karten!
Lilly Schreiber
Adolf Löwenstein
Verlobte.
Oelde Hamm i. W.
Januar 1920.

Abb. 37

Statt Karten.
Else Baer
Leo Schreiber
Verlobte.
Beckum Oelde
April 1920.

Abb. 38

2. Leo **Schreiber**
   *20.05.1897 in Oelde

Else **Baer**
*14.12.1897 in Stromberg
∞ 10.08.1921 Beckum
✡ (1944?) in Auschwitz

Die Eltern von Else Schreiber geb. Baer waren Hermann Baer und Sophie Loe. Hermann Baer starb 1925 in Beckum. Sophie Baer geb. Loe starb in Auschwitz. Ihre Eltern waren David Loe und Julia Loe geb. Cohn in Stromberg. Nach einem Vermerk in der Heiratsurkunde (1921) wurde Else Schreiber geb. Baer durch Beschluss des Amtsgerichts Oelde für tot erklärt. Als Zeitpunkt des Todes wurde der 8. Mai 1945 festgestellt. Leo Schreiber hat die Shoah überlebt. Leo Schreiber hatte ein zweites Mal geheiratet und hatte eine Tochter, Colette Schreiber.

Louis Schreiber war Gründungsmitglied der Freiwilligen Feuerwehr Oelde und gehörte auch zur Throngesellschaft, als Louis Steinberg 1921 Schützenkönig in Oelde wurde.

Im Adressbuch der Stadt Oelde von 1934 wird Berta Schreiber (geb. Ruthenburg) als Inhaberin eines Kurz- und Wollwarengeschäftes in der Ruggestraße 2 genannt.

Familie Alex Schreiber
Oelde, Wallstraße 18

Alex **Schreiber,** Viehhändler

und Selma **Stern**

<u>Kinder:</u>	<u>verheiratet mit:</u>
1. Erna **Schreiber** *25.08.1901 ✡ 06.08.1908	
2. Kurt **Schreiber** *08.05.1904 in Oelde ✡ 03.08.1995 in USA	Trude **Kronenberger** *15.07.1909 in Wiesbaden ∞ 20.05.1937 in Wiesbaden ✡ 23.09.1999 in USA

Laut dem Einbürgerungsregister der USA reisten Kurt und Trude Schreiber von Southampton in England am 27.12.1939 auf dem Schiff „Lancastria“ in die USA (New York) ein, mit dem kleinen Sohn Anthony.

3. Ernst **Schreiber**
   *15.06.1909 in Oelde
   ✡ 24.02.1979 in Paris, Frankreich

Nachruf.

Heute verschied unser langjähriger Synagogenvorsteher,

Herr Alex Schreiber

Er hat die Interessen der jüdischen Gemeinde in aufopfernder und gewissenhafter Weise wahrgenommen. An ihm verliert die Gemeinde eine große Stütze und treuen Berater, und wir werden sein Andenken hoch in Ehren halten.

OELDE, 11. März 1926.

Synagogen-Gemeinde.

Abb. 39 – Nachruf für Alex Schreiber in der Tageszeitung „Die Glocke“, 1926.

Abb. 40 – Der Baumstamm mit abgebrochener Krone symbolisiert das kurze Leben von Erna Schreiber.

Familie Steinberg
Oelde, Wallstraße Nr. 18

Louis **Steinberg,** Viehhändler

und Johanna **Hope** (I. Ehefrau)

Kinder:	verheiratet mit:
1. Irma **Steinberg** *27.01.1905 ✡ 09.02.1905	
2. Willi **Steinberg** *24.05.1906 in Kaunitz (✡ 1944?) in Stutthof	Else **Voss** *13.10.1908 in Boslar ✡ 11.01.1945 in Stutthof

Sohn:
Joel **Steinberg**
*20.10.1941
✡ 1941

3. Erich **Steinberg**
*23.11.1908 in Kaunitz

4. Erna **Steinberg**
*27.10.1909 in Kaunitz

5. Rudolf **Steinberg**
*08.10.1913 in Oelde

6. Irmgard **Steinberg**
*07.05.1915 in Oelde

Abb. 41

Familie Steinberg bewohnte in der Bahnhofstraße ein Haus. Dieses Haus soll abgebrannt sein.[41] Laut Adressbuch von 1926 wohnte die Familie in der Bahnhofstraße 23. Nach dem Brand wohnte sie in der Bultstraße 2. Unter dieser Anschrift ist Familie Steinberg im Adressbuch der Stadt Oelde von 1934 eingetragen. In dem Adressbuch von 1934 sind auch die Berufe angegeben; demnach war Willi Viehhändler, Rudolf war Kaufmann und Erna war Verkäuferin. Erich und Irmgard waren zu dem Zeitpunkt nicht mehr in Oelde, denn sie sind in dem Adressbuch nicht genannt. Von Erich wissen wir, dass er sich 1929 nach Palästina abgemeldet hatte (Meldekartei).
Familie Steinberg war ab 01.04.1935 in der Wallstraße 18 in Oelde gemeldet, dem von Alex Schreiber erbauten Haus. (Meldekartei)

Die Geschwister Erna, Rudolf und Irmgard Steinberg flüchteten aus Deutschland. Die Stolpersteine an ihrer letzten Wohnadresse in Oelde geben Auskunft, in welches Land sie sich retten konnten. Erna flüchtete 1936 in die USA. Rudolf flüchtete auch in die USA, aber erst zwei Jahre später. Ebenfalls 1938 flüchtete Irmgard, nach Argentinien. Ihr Vater Louis Steinberg wurde 1941 nach Riga deportiert, gemeinsam mit seiner zweiten Ehefrau Minna Steinberg geb. Josephs.

Rudolf Steinberg (*1913) nahm später den Geburtsnamen seiner Mutter an und hieß dann Rudolf Hope.[42]
Rudolfs Tochter Leslie Braun schreibt in einer E-Mail an die Autorin:
„To the best of my knowledge, my Dad changed his name because of the anti-Semitism in the world. He wanted to begin his assimilation so took his Mother´s maiden name of Hope."
Dem Einbürgerungsregister der USA ist zu entnehmen, dass Rudolf Steinberg am 14.04.1938 in New York ankam und 100 Dollar bei sich hatte. Im März 1943 trat er in die US Armee ein und blieb dort bis März 1946.

41 Tillmann, Ausgegrenzt, S. 263.

42 Ebd.

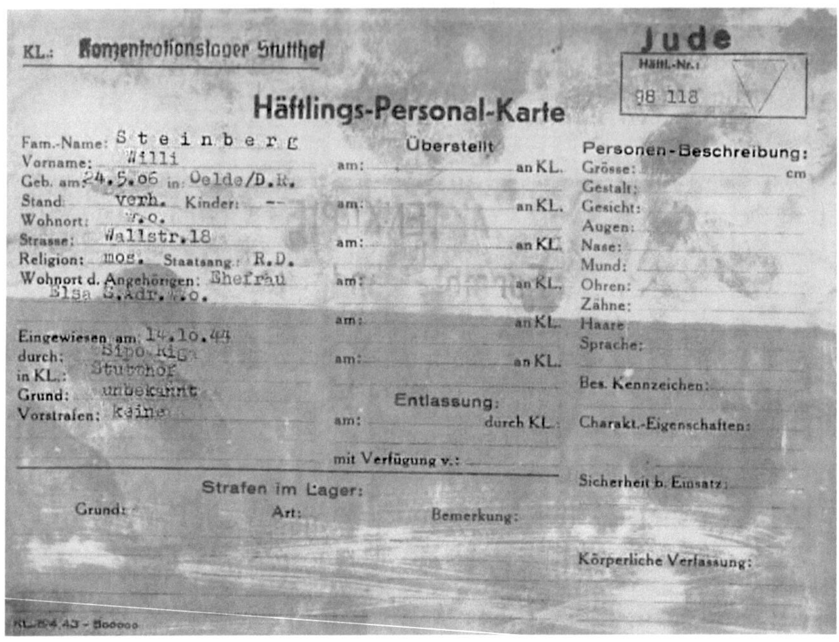

KL.: Konzentrationslager Stutthof

Jude

Häftl.-Nr.: 98 118

Häftlings-Personal-Karte

Fam.-Name: Steinberg
Vorname: Willi
Geb. am: 24.5.06 in: Oelde/D.R.
Stand: verh. Kinder: --
Wohnort: w.o.
Strasse: Wallstr.18
Religion: mos. Staatsang.: R.D.
Wohnort d. Angehörigen: Ehefrau Elsa S.Adr.w.o.

Eingewiesen am: 14.10.44
durch: Sipo Rig
in KL.: Stutthof
Grund: unbekannt
Vorstrafen: keine

Überstellt
am: an KL.
am: an KL.
am: an KL.
am: an KL.
am: an KL.
am: an KL.

Entlassung:
am: durch KL.:
mit Verfügung v.:

Personen-Beschreibung:
Grösse: cm
Gestalt:
Gesicht:
Augen:
Nase:
Mund:
Ohren:
Zähne:
Haare:
Sprache:
Bes. Kennzeichen:
Charakt.-Eigenschaften:
Sicherheit b. Einsatz:
Körperliche Verfassung:

Strafen im Lager:
Grund: Art: Bemerkung:

Abb. 42 – Häftlings-Personal-Karte Willi Steinberg, Stutthof, 1.1.41.2/ 4650199/ ITS Digital Archive, Arolsen Archives

Im Jahr 1921 hatte die Schützengesellschaft Oelde von 1858 mit Louis Steinberg (* 1882) einen jüdischen König. Er regierte als König Louis I. Steinberg mit Maria VII. Mühlenkamp als Königin an seiner Seite.

Abb. 43 – Das Bild zeigt die Throngesellschaft von 1921 („Die Glocke" vom 27.08.2021)
*1. Reihe v. l.: Maria Raestrup, Leo Mühlenkamp, Minna Steinberg (Ehefrau von König Louis I.), Präsident Justizrat Franz Westhoff, das Königspaar, Oberst Wilhelm Frieling, Selma (?) Schreiber, Louis Schreiber (*1864), Johanna Linnemann*

*Mitte v. l.: Joseph Holterdorf, Jenny (?) Hope, Hugo Hoffmann (*1888), Frl. Bernhardine Heuer, Bernhard Lütkemöller, Katharina Stacke, Balthasar Ruthmann, Sophie Wolff, Heinrich Wörenkemper und Josua Hope (*1878)*

3. Reihe v. l.: Heinrich Eselgrimm, Wilhelm Schürhoff, Alwine Schürhoff, Wilhelm Stacke, Frl. Aenne Zurbrüggen, Carl Uhrmeister, Ferdinand Beerheide.

Familie Stern
Stadt Oelde Nr. 213 – Ruggestraße 2

Moises **Stern,** Kornhändler
*1795 in Hovestadt
✡ 10.05.1880 in Oelde

und Regina **Alsberg**
*ca. 1798
✡ 05.02.1858

Kinder:	verheiratet mit:
1. Herz **Stern** *11.10.1822 in Oelde ✡ 19.03.1835 in Oelde	
2. Friederike **Stern** *04.01.1824 in Oelde	Samuel **Grünwald** (Gronewald) aus Kaldenkirchen ∞ 12.06.1854 in Oelde
3. Bernardina **Stern** *29.10.1825 in Oelde ✡ 25.08.1829 in Oelde	
4. Henriette (Jetta) **Stern** *09.05.1828 in Oelde ✡ 29.01.1908 in Oelde (Nachkommen sh. Fam. Schreiber)	Coppel **Schreiber** *15.09.1829 in Erwitte ∞ 05.10.1857 in Oelde ✡ 29.05.1918 in Oelde

Abb. 44 – Blick in die Ruggestraße, auf der rechten Seite in Höhe des motorisierten Fahrzeuges befand sich das Wohnhaus Ruggestraße 2. Hier lebte Familie Stern, später übernahm der Schwiegersohn Coppel Schreiber. Geradeaus schaut man auf ein Haus im Trippenhof. Im Trippenhof 4 wohnte Familie Josua Hope und Jenny Hope geb. Baum. Dort befindet sich heute die Volksbank.

Familie Joseph Weinberg
Oelde

Joseph Aaron gt. **Weinberg,** Metzger
*1813
✡ 09.02.1841 in Oelde

und Sara **Hoffmann**
*1801
✡ 10.11.1847 in Oelde
(sh. Fam. Hoffmann)

Heirat: 21.11.1837

Kinder:	verheiratet mit:
1. Nathan Aaron gt. **Weinberg**	Sara **Alexander**
*29.05.1834 in Oelde	✡ 13.06.1868 in Oelde

Nathan Weinberg hatte sich als Klempner in Oberhausen niedergelassen. Aus seiner Ehe mit Sara Alexander sind folgende Kinder bekannt:

1. Joseph **Weinberg**
*ca.1860 in Oberhausen
✡ 23.01.1881 in Oelde

2. Sara (Settchen) **Weinberg**
*25.07.1862 in Oelde
✡ 17.02.1870 in Oelde

3. Louis **Weinberg**
*22.11.1863 in Oberhausen
✡ 23.04.1933 in Frankfurt a. M.

4. Rika **Weinberg**
*1865

Louis Weinberg gründete in Oelde das Textilgeschäft Weinberg. Das Geschäft befand sich zunächst in der Ruggestraße 4 und ab 1919 in der Lange Straße 13.[43] Louis Weinberg war Gründungsmitglied der Freiwilligen Feuerwehr in Oelde.

2. Abraham Aaron gt. **Weinberg**
 *29.05.1834 in Oelde
 ✡ 09.08.1834 in Oelde

3. Ranchen Aaron gt. **Weinberg**
 *03.01.1840 in Oelde
 ✡ 27.05.1901 in Oelde

verheiratet mit:
Josua **Hope**
*25.05.1835 in Oelde
∞ 14.11.1865 in Oelde
✡ 19.04.1910 in Oelde
(sh. Fam. Hope)

43 Pauls, Oelde - die Stadt, in der wir leben, S. 676.

Familie Louis Weinberg
Oelde, Lange Straße Nr. 13

Louis **Weinberg,** Kaufmann
*22.11.1863 in Oberhausen
✡ 23.04.1933 in Frankfurt a. M./Hessen im Krankenhaus

und Bertha **Lipper**
*30.03.1873 in Rösebeck
✡ 06.04.1940 in Oelde

Heirat: 14.08.1901 in Rösebeck

Kinder:	verheiratet mit:
1. Erich **Weinberg** *03.08.1902 in Oelde ✡ 30.08.1970 in Rutland, Vermont, USA	Alice J. **NN**
2. Max **Weinberg** *30.04.1904 in Oelde ✡ 25.11.1906 in Oelde	
3. Josef **Weinberg** *03.11.1907 in Oelde ✡ in USA	Hildegard **Bernstein** *03.06.1911 in Lütgendortmund ✡ in USA
4. Willi **Weinberg** *21.09.1911 in Oelde	

Willi Weinberg hatte sich 1935 nach Deventer in Holland abgemeldet (Meldekartei).

Abb. 45 - Werbung 1919 in der „Beckumer Volkszeitung"

Abb. 46 - Auf der rechten Seite neben Juwelier Koberg lag das Textilhaus Weinberg.

Familie Windmüller (I)
Stadt Oelde Nr. 153

Isaac (Itzig) **Windmüller**

und Sara **Jacobsohn**
(I. Ehefrau, Schwester von Hannchen)

Kinder:

1. NN (m) **Windmüller**
   *und ✡ 24.11.1835 in Oelde

2. NN (w) **Windmüller**
   *und ✡ 29.10.1837 in Oelde

3. NN (m) **Windmüller**
   *und ✡ 24.12.1838 in Oelde

Alle drei Kinder wurden tot geboren. Einen Tag nach der Geburt des dritten Kindes starb auch die Mutter.

Die Familie Windmüller betrieb neben Viehhandel ein Textilgeschäft im Haus Lange Straße Nr. 5.[44] Isaac Windmüller hatte 1851 das Haus Herrenstraße 36 erworben.[45]

Abb. 47 – Werbung in „Die Glocke" vom 29.03.1898

44 Pauls, Oelde – die Stadt, in der wir leben, S. 676.

45 Ebd.

Familie Windmüller (II)
Stadt Oelde Nr. 153

Isaac (Itzig) **Windmüller**

und Hannchen **Jacobsohn**
(II. Ehefrau, Schwester von Sara)

Kinder:
1. Abraham **Windmüller**
*21.12.1840 in Oelde
✡ 23.02.1903 in Oelde

verheiratet mit:
Hermine **Jacobsohn**
*05.01.1856 in Stolzenau
✡ 10.12.1920 in Göttingen

Abraham Windmüller war Kaufmann und wohnte Stadt Oelde Nr. 153. Abraham und Hermine Windmüller wurden beide auf dem jüdischen Friedhof in Oelde bestattet. Sie hatten keine Nachkommen und so starb mit ihnen die Familie Windmüller in Oelde aus.

2. Jeanette (Schönchen) **Windmüller**
*10.12.1842 in Oelde
✡ 24.10.1902 in Rheda

Benzion **Windmüller**
*25.01.1838 (1832?) in Rheda
∞ 10.03.1869 in Rheda
✡ 22.09.1915 in Elberfeld

Sohn:
Abraham Albert **Windmüller**
*13.12.1869 in Rheda
✡ 05.10.1913 in Sayn bei Koblenz

3. Eva **Windmüller**
*15.11.1844 in Oelde
✡ 09.04.1846 in Oelde

4. Josef **Windmüller**
*26.02.1847 in Oelde
✡ 28.01.1915 in Berlin

Josef Windmüller war Kaufmann. Er wohnte in Berlin, Alte Leipziger Straße 17, und wurde dort am 28.01.1915 tot aufgefunden.

5. Levy gen. Louis **Windmüller** (Dr. med.)
*08.04.1849 in Oelde
✡ 21.08.1920

verheiratet mit:
Johanna **Ganz**
*18.06.1858 in Bünde
∞ 01.12.1880 in Bünde
✡ 24.09.1942 in Theresienstadt

Kinder:

1. Walther **Windmüller**
*02.03.1883

2. Werner **Windmüller**
*05.06.1886

6. Jacob **Windmüller**
*13.05.1851 in Oelde
✡ 17.05.1912 in Bielefeld

I. Ida **Katzenstein**
*30.03.1854 in Kassel
✡ 22.05.1886 in Bielefeld

Kinder aus I. Ehe:

1. Margarete Clara **Windmüller**
*08.08.1878

2. Hedwig **Windmüller**
*09.09.1879

3. Paul **Windmüller**
*03.02.1882

4. Anna **Windmüller**
*26.02.1886

II. Auguste **Eichenberg**
*27.10.1856 in Adelebsen
✡ 21.07.1935 in Bielefeld

Kind aus II. Ehe:
Johanna **Windmüller**
*10.07.1890

7. Salomon **Windmüller**
*06.03.1853 in Oelde
✡ 01.03.1883

8. Moses **Windmüller**
*02.05.1855 in Oelde
✡ 07.08.1919 in Hamburg

9. NN (m) **Windmüller**
*und ✡ 02.12.1857 in Oelde

10. Sara **Windmüller**
*12.04.1860 in Oelde
✡ 23.10.1871 in Oelde

Abb. 48 – Lange Straße 5 liegt auf der linken Seite, dort war später das Geschäft Franz Han

Familie Meyer Wolf (I)
Oelde

Meyer **Wolf,** Handelsmann und Strumpfweber oder -wirker
*28.04.1779 in Kleinsteinach
✡ 07.01.1862 in Oelde

Jächel (Jette) **Moses** oder **Rollmann** (I. Ehefrau)
*13.11.1781 in Enniger
✡ 05.04.1822 in Oelde

Kinder:

1. Moses **Wolf**
*1813
✡ 18.05.1889 in Oelde

verheiratet mit:
Rosa **Schönfeld**
*20.05.1807 in Paderborn
✡ 16.03.1893 in Oelde

2. Brunette, später Caroline **Wolf**
*30.04.1814 in Oelde
✡ 19.01.1892 in Wolbeck

Herz **Baumgarten**
*1809 in Wolbeck
✡ 26.02.1873 in Wolbeck

Für das Ehepaar Baumgarten in Wolbeck konnten sechs Kinder ermittelt werden.

3. Fanny **Wolf**
*05.04.1816 in Oelde
✡ 11.03.1905 in Oelde
(Nachkommen sh. Fam. Daltrop)

Selig **Daltrop**
*29.05.1826 in Rietberg
∞ 04.09.1849 in Oelde
✡ 12.04.1882 in Oelde

4. Benjamin **Wolf**
*05.08.1818 in Oelde
✡ 09.03.1892 in Oelde

I. Johanna **Schönfeld**
*1823 in Paderborn
∞ 07.05.1845 in Paderborn
✡ 18.02.1848 in Oelde

Kinder aus der I. Ehe:

1. Moritz **Wolf**
*08.05.1846
✡ 14.09.1847

2. Jette Hannchen **Wolf**
   * 09.02.1848
   ✡ 09.08.1848

verheiratet mit:
II. Johanna **Rothschild**
* 25.11.1822 in Paderborn
∞ 06.03.1849
✡ 30.09.1878 in Oelde

Familie Meyer Wolf (II)

Meyer **Wolf,** Handelsmann und Strumpfweber oder -wirker
* 28.04.1779 in Kleinsteinach
✡ 07.01.1862 in Oelde

und Cläre **Nathan** bzw. **Nordheim** (II. Ehefrau)
* 1796
✡ 31.10.1826

Cläre Wolf geb. Nathan bzw. Nordheim starb im Kindbett und hinterließ den Gatten und zwei minderjährige Kinder.

Kinder:
1. Jetta **Wolf**
   * 06.04.1824 in Oelde

2. Israel **Wolf**
   * 31.10.1826 in Oelde

Familie Moses Wolf
Stadt Oelde Nr. 37 - Geiststraße 19

Moses **Wolf,** Kaufmann

und Rosa **Schönfeld**

Kinder:	verheiratet mit:
1. Bernhard (* Benjamin) **Wolf** *27.11.1841 in Oelde ✡ 31.03.1907 in Bielefeld	Riekchen **Borgzinner** *07.03.1851 in Haustenbeck ∞ 15.01.1878 in Paderborn ✡ 23.07.1911 in Salzuflen
Kinder:	
1. Martha **Wolf** *03.10.1878	Julius **Rosenthal**
2. Anna **Wolf** *20.12.1879	Julius **Heimann**
3. Otto **Wolf** *15.11.1881	Martha **Jacobsohn**
4. Klara **Wolf** *14.02.1884	Max **Bachmann**

Bernhard Wolf war Kaufmann in Bielefeld. Er muss seinen Vornamen geändert haben, denn ins Oelder Geburtenregister ist er mit dem Vornamen Benjamin eingetragen worden. Die vier Kinder wurden in Bielefeld geboren. Julius Rosenthal starb 1907 in Meschede, seine Ehefrau Martha 1909 in Berlin. Anna Heimann geb. Wolf wurde 1942 von Düsseldorf aus nach Theresienstadt deportiert und dann 1944 nach Auschwitz. Otto und Martha Wolf führten ein Textilgeschäft in Hofgeismar. Das Ehepaar wurde 1942 nach Warschau deportiert. Die gemeinsame Tochter Ruth Wolf, geboren am 05.05.1914 in Hofgeismar, floh 1939 über Schottland in die USA.

Klara und Max Bachmann lebten in Velmede, einem Ortsteil der Gemeinde Bestwig im Sauerland. Sie wurden beide nach Theresienstadt deportiert. Den vier Kindern Anneliese Elizabeth, Edgar, Carla und Hilla Bachmann gelang die Flucht in die USA.

2. Jakob (gt. Julius) **Wolf**
*28.08.1843 in Oelde
✡ 23.03.1917 in Oelde

verheiratet mit:
Pauline (Paula) **Eber**
*04.08.1853 (1854?) in Neuenkirchen
∞ 21.05.1886 in Neuenkirchen
✡ 23.10.1916 in Oelde

Kinder:

1. Hertha **Wolf**
*21.10.1888 in Oelde
✡ 16.11.1968 in Australien

Max **Meyer**
*28.09.1887 in Krefeld
∞ 20.07.1918
✡ 27.05.1970 in Australien

Die Familie Meyer lebte in Krefeld, Petersstraße Nr. 152. In den späten 1930er Jahren emigrierten Hertha und Max Meyer mit ihrem 1919 in Krefeld geborenen Sohn Paul Heinz nach Australien. Dort leben heute ihre Nachfahren. (Auskunft: Zoe Peate per E-Mail an die Autorin)

2. Johanna **Wolf**
*24.02.1894 in Oelde
✡ 08.05.1894 in Oelde

3. Jette **Wolf**
*26.12.1845 in Oelde
✡ 09.08.1846 in Oelde

4. Julie (Julchen) **Wolf**
*27.09.1847 in Oelde
✡ 24.11.1902 in Bielefeld

Josef **Rose**
*04.01.1844 in Heepen
∞ 25.05.1869 in Oelde
✡ 09.11.1889 in Bielefeld

Abb. 49 - Haus der Familie Wolf in Oelde, Geiststraße 19 (vorher Stadt Oelde Nr. 37), rechts im Fenster ist Hertha Meyer geb. Wolf (1888-1968) zu sehen.

Josef Rose war Schlachter und Metzger. Die Familie lebte in Bielefeld, Hagenbruchstraße Nr. 7. Bisher konnten die folgenden Kinder ermittelt werden: Albert (* 1870), Riekchen (* 1872), Ida (* 1873), Max (* 1874), Regina (* 1876), Betty (* 1879), Margarete (* 1883), Walter (* 1885) und Richard (*1886).
Albert Rose, verheiratet mit Jenny Isackson, hatte das väterliche Geschäft übernommen, das später an den jüngsten Bruder Richard Rose ging. Ida Rose war mit Moritz Vorzanger verheiratet. Das Paar lebte in Leer. Max Rose war bereits 1898 nach Amerika ausgewandert. Er lebte in New York. Max Rose war verheiratet mit Jennie Lewkowitz und hatte die Kinder Jerome, Lester und Harriet Rose. Betty war verheiratet mit Hermann Rosenberg. Das Paar lebte in Bünde, wo Betty bereits 1911 starb. Ida, Regina und Margarete Rose wurden Opfer der Shoah. Walter Rose gelang die Flucht nach England, gemeinsam mit Ehefrau Hilde Zaduck und den Kindern Hans und Eva Rose. Richard Rose, seine Ehefrau Helene Beverstein und die gemeinsamen Töchter Ilse (* 1926) und Margot (*1932) wurden nach Polen deportiert. Die ganze Familie Richard Rose ist dort „umgekommen". Die genauen Umstände sind nicht bekannt.
Hans Rose, dem 1928 in Bielefeld geborenen Sohn von Walter Rose verdanken wir Informationen über seine Angehörigen. Diese Informationen sind im Internet auf der Seite „Yad Vashem" in Form von Gedenkblättern hinterlegt.

5. Johanna **Wolf**
* 27.03.1850 in Oelde
✡ 09.12.1918

<u>verheiratet mit:</u>
Moses **Schöneberg-Bildesheim**
* 07.01.1834 in Verne, Kreis Büren
∞ 23.03.1877 in Bielefeld
✡ 27.02.1890 in Brackwede

Moses Schöneberg-Bildesheim war Kaufmann in Brackwede. Seine Eltern waren Levy Bildesheim und Betty Loewenstein. Moses wurde von den Eheleuten Salomon Schöneberg adoptiert, deren Geschäft er später übernahm. Aus der Ehe mit Johanna Wolf sind die folgenden Kinder bekannt:

1. Max **Schöneberg**
* 20.04.1878 in Brackwede
✡ 05.03.1942 in Riga

Hilde **Weinberg**
* 05.10.1895 in Lübbecke
∞ 07.09.1930 in Lübbecke
✡ 31.05.1931 in Bielefeld

	verheiratet mit:
2. Julius **Schöneberg** *31.5.1879 in Brackwede	Rosa **Leiser** ∞ 08.02.1921 (?) in Kerpen (?)
3. Emma **Schöneberg** *19.07.1880 in Brackwede ✡ 01.12.1913	Alexander **Rosenberg** *18.06.1878 in Leer ∞ 11.08.1911 in Brackwede
4. Paul **Schöneberg** *16.09.1882 in Brackwede ✡ 05.01.1940 in Lübbecke	Meta **Weinberg** *07.11.1898 in Werther (1889?) ∞ 04.11.1932 in Lübbecke ✡ 09.02.1943 in Auschwitz-Birkenau
5. Antonia **Schöneberg** *11.06.1884 in Brackwede ✡ 02.03.1942 in Riga	Meyer **Baer** *10.04.1867 in Laer ∞ 18.09.1929 in Brackwede ✡ 28.04.1937 in Laer
6. Martha **Schöneberg** *22.05.1890 in Brackwede am 27.01.1942 nach Riga deportiert	Leon **Salomons** *22.07.1887 in Krefeld ∞ 04.05.1921 in Brackwede am 27.01.1942 nach Riga deportiert

6. Frömmchen **Wolf**
*07.02.1854 in Oelde

Abb. 50/51 – Grab- und Gedenkstätten der Familien Wolf und Rose auf dem jüdischen Friedhof in Bielefeld.

Familie Benjamin Wolf
Stadt Oelde Nr. 33

Benjamin **Wolf**

und Johanna **Rothschild** (II. Ehefrau)

Benjamin Wolf führte ein Textilgeschäft in Oelde.[46] (vermutlich gelegen in der Geiststraße 11)

Kinder:	verheiratet mit:
1. Eduard **Wolf** *27.05.1850 in Oelde ✡ 28.10.1906 in Oelde	

Eduard Wolf war Kaufmann und lebte in Oelde.

2. Albert **Wolf** *01.03.1852 in Oelde	
3. Rudolf **Wolf** *29.12.1853 in Oelde (✡ 23.11.1918?)	Elfriede **Rindskopf** *18.07.1859 in Steele (Essen) ✡ 1922

Für Rudolf und Elfriede Wolf konnten bisher die Töchter Anna (*1881), Paula (*1883) und Else (*1886) ermittelt werden.

4. Georg **Wolf**
   *06.09.1856 in Oelde
   ✡ 17.11.1916 in Oelde

Georg Wolf war Kaufmann und lebte in Oelde.

---

46 Tillmann, Ausgegrenzt – Anerkannt – Ausgelöscht, S. 272.

5. Heinrich **Wolf**
   *26.04.1858 in Oelde
   ✡ 19.12.1858 in Oelde

6. Ottilie **Wolf**
   *15.11.1859 in Oelde
   ✡ 24.02.1941 in Oelde

verheiratet mit:
Louis (Leeser) **Berg**
*04.05.1857 in Rellinghausen
∞ 15.03.1887 in Oelde
✡ 05.04.1916

Das Ehepaar Louis und Ottilie Berg hatte die gemeinsame Tochter Johanna und einen Sohn Ernst Hermann. Johanna Berg wurde 1901 geboren und starb bereits im Jahr 1927. Das Begräbnis fand am 8. März 1927 in Oelde statt. Der Grabstein ist noch erhalten. Ernst Hermann Berg starb im I. Weltkrieg in Frankreich.

7. Richard **Wolf**
   *06.12.1861 in Oelde
   ✡ 17.02.1891 in Breslau

Richard Wolf war Kaufmann in Breslau. Er starb dort im Krankenhaus.

8. Martin **Wolf**
   *14.03.1864 in Oelde
   ✡ 22.02.1917 in Berlin-Charlottenburg

Elisabeth (Liesel) **Feldheim**
* 05.02.1870 in Rastenburg, Ostpreußen
✡ 09.12.1942 in Berlin-Charlottenburg
auf der Sterbeurkunde: Selbstmord durch Erhängen. Ihr Ehemann Martin Wolf war Kaufmann in Berlin-Charlottenburg.

Kinder:

1. NN (m) **Wolf**
   *1902 in Berlin

2. Charlotte **Wolf**
   *31.10.1907 in Berlin

9. Carl **Wolf**
 *22.02.1866 in Oelde
 ✡ 16.07.1867 in Oelde

10. Jenny **Wolf**
 *23.07.1867 in Oelde
 ✡ 25.11.1942 in Theresienstadt

Im Adressbuch der Stadt Oelde von 1934 ist Jenny Wolf mit einem Manufakturwarengeschäft in der Geiststraße 11 genannt.

Jenny Wolf wurde am 29.07.1942 von der Gestapo abgeholt. Jenny Wolf und Isaac Loe aus Stromberg waren die letzten Juden in Oelde bzw. Stromberg.[47]

Abb. 52 – Das ehemalige Amtsgericht liegt auf der linken Seite. Heute befindet sich dort die Stadtbücherei. Das Manufakturwarengeschäft Wolf lag auf der rechten Seite dieser Abbildung.

47 Tillmann, Ausgegrenzt, S. 273.

Familie Wolfhoff
Oelde, Ruggestraße Nr. 133, später Nr. 8

Samuel **Wolfhoff,** Kaufmann
*25.02.1782
✡ 15.02.1866 in Oelde

und Ester **Isaack**
*ca. 1775
✡ 13.12.1858 in Oelde

Laut Walter Tillmann (Ausgegrenzt - Anerkannt - Ausgelöscht, S. 270) war Samuel Wolfhoff ein Bruder von Meyer Wolf (1779-1862). Er entschied sich 1821 für Wolfhoff als endgültigen Familiennamen. Es soll noch einen weiteren Bruder gegeben haben sowie eine Schwester. Der Bruder soll nach Amerika gegangen sein, die Schwester sei im holländischen Groningen verheiratet gewesen. Samuel Wolfhoff soll mit Uhren gehandelt haben.[48] Seine Ehe mit Ester Isaack war kinderlos geblieben.

Abb. 53 - Der Grabstein von Samuel Wolfhoff auf dem jüdischen Friedhof in Oelde ist noch erhalten. Auf dem Grabstein ist als Tag des Todes der 15. Februar 1866 angegeben, in der Zivilurkunde ist der 22. Februar 1866 eingetragen.

48 Tillmann, Ausgegrenzt, S. 270

Die jüdischen Familien in Stromberg

Familie Elias Edler
Stromberg

Elias **Edler** (* Philipp)
* ca. 1787 in Stromberg
✡ 29.03.1859 in Stromberg

Elisabeth (Edel) **Aron**
* ca. 1778 in Stromberg
✡ 23.10.1876 in Stromberg

Kinder:	verheiratet mit:
1. Meier **Edler** * 12.03.1812 in Stromberg ✡ 24.06.1907 in Stromberg	Jeanette **Moses** * Jan. 1853 in Frechen ∞ 10.09.1878 in Oelde ✡ 25.04.1947 in USA
Kinder: 1. NN (m) **Edler** */✡ 09.10.1882	
2. Elma **Edler** * 19.09.1884	David **Silberberg** (sh. Fam. Silberberg)
3. Klara **Edler** * 29.08.1887	Ludwig **Moser**
4. Paula **Edler** * 26.07.1889	I. NN **Burkhardt** II. Alfred **Cohn**
5. Emil **Edler** * 29.11.1891 ✡ 25.09.1915 (WKI)	

	verheiratet mit:
2. David **Edler** *11.09.1815 in Stromberg ✡ 25.02.1898 in Wadersloh	I. Lisette oder Jette **Elsberg** *1817 in Oelde ∞ 05.11.1845 ✡ 24.03.1882 in Wadersloh
	II. Bela Bertha **Stern** *07.03.1840 in Rohden bei Arolsen ∞ 05.03.1883 in Wadersloh
	III. Emilia **Wertheim** *21.04.1844 in Paderborn ∞ 13.09.1897 in Wadersloh
3. Salomon **Edler** *15.07.1823 in Stromberg ✡ 26.12.1892 in Wadersloh	Henriette (Jette) **Gutmann** *07.04.1841 in Wadersloh ∞ 03.03.1880 in Wadersloh ✡ 21.02.1887 in Wadersloh
Kind: Ella **Edler** *15.11.1881	Isaac **Loe** (sh. Familie Loe) *19.05.1880 in Stromberg
4. Ruben **Edler** *26.03.1826 in Stromberg ✡ 08.02.1888 in Hamm	Rosette (Rosalie) **Jacob** bzw. **Alexander** *29.11.1833 in Werther ∞ 23.03.1858 in Hamm ✡ 02.11.1908 in Hamm
Kinder: 1. Bertha **Edler** *Dez.1859 in Rhynern ✡ 06.08.1911 in Hamm	

Bertha Edler war Geschäftsinhaberin und wohnte in Hamm, Kleine Weststraße 4. Sie wurde auf dem jüdischen Friedhof in Hamm bestattet.

	verheiratet mit:
2. Elias **Edler** *04.05.1861 in Rhynern ✡ 25.10.1931 in Frankfurt a. M.	Mathilde **Baruch**
3. Jacob **Edler** *04.05.1861 in Rhynern ✡ 10.08.1936 in Berlin-Wilmersdorf	Margarethe **Frank**

Jacob Edler war Kaufmann in Berlin.

4. Bendix **Edler**
*25.04.1863 in Rhynern
✡ März 1929 in Düren

Bendix Edler wurde auf dem jüdischen Friedhof in Düren bestattet.

5. Caroline **Edler** *30.06.1865 in Rhynern ✡ 27.01.1915 in Detmold	Isidor **Herzfeld**
6. Aron **Edler** *24.08.1867 in Rhynern ✡ in London, England	Suzie **Wagner**
7. Selma **Edler** *04.07.1870 in Hamm deportiert am 13.08.1942 nach Theresienstadt Transport I/44 von Berlin nach Theresienstadt	
8. Alexander **Edler** *06.04.1872 in Hamm deportiert 1942 nach Trawniki bei Lublin	Martha **Gotthelft** deportiert 1942 nach Trawniki bei Lublin

	verheiratet mit:
9. Philipp **Edler** *29.06.1874 in Hamm ✡ in London, England	Emma **Hoffmann**

Elias Edler und Elisabeth (Edel) Aron
hatten die weiteren Kinder:

Bella *
ca. 1811

Hanchen
*1813

Esther
*ca. 1817

Abraham
*ca. 1819

Dina
*1820

Familie Philipp Feldheim
Stromberg, Burgstraße

Philipp **Feldheim** (geb. Abraham)
*04.09.1786 in Stromberg
✡ 06.03.1855 in Stromberg

Im Haus von Philipp Feldheim befand sich das Bethaus der Stromberger Juden.

Rebecca **Hope**
*10.10.1797 in Verl
✡ 23.09.1865 in Verl

Heirat: 04.09.1816 in Stromberg

Kinder:	verheiratet mit:
1. Isaac (Iwan) **Feldheim** *30.12.1818 in Stromberg ✡ 14.04.1895 in Bielefeld	Johanna **Wallach** *06.02.1833 in Wiedenbrück ∞ 30.03.1854 in Stromberg ✡ 08.12.1907
2. Josua **Feldheim** (später: Heinrich Josef Wemhoff) *12. oder 20.09.1820 in Stromberg † 08.04.1883 in Oelde	Katharina **Vahlhaus** *05.11.1828 in Stromberg ∞ 27.11.1849 in Stromberg † 09.12.1908 in Stromberg

Josua Feldheim konvertierte zum katholischen Glauben und nahm den Namen Heinrich Josef Wemhoff an.

3. Breine **Feldheim** *25.05.1825 in Stromberg	
4. Rosetta (Röschen) **Feldheim** *14.04.1827 in Stromberg ✡ 14.08.1875 in Verl	Calmon **Hope** *12.01.1818 in Verl ∞ 22.01.1849 in Oelde ✡ 10.12.1889 in Verl

verheiratet mit:

5. Abraham **Feldheim**
*01.03.1830 in Stromberg
✡ 08.04.1902 in Bielefeld

Friederike (Rika) **Neukircher**
*30.07.1841 in Oestinghausen
∞ 06.02.1863 in Soest
✡ 02.01.1882 in Bielefeld

Die Familie Abraham und Friederike Feldheim lebte in Bielefeld.

6. Fanni **Feldheim**
*22.07.1833 in Stromberg
✡ 24.12.1916 in Herford
In der Todesanzeige steht der Vorname Hanny.

Levi **Hope**
*05.12.1812 in Verl
∞ 16.12.1857 in Stromberg
✡ 26.09.1882 in Verl
Bruder von Calmon Hope (1818-1889)

7. Jente/Jette **Feldheim**
*05.03.1838 in Stromberg

Jacob Salomon **Jacobi**

Abb. 54/55/56 - Grabstätten der Familien Feldheim auf dem jüdischen Friedhof in Bielefeld.

Familie Abraham Feldheim
Bielefeld

Abraham **Feldheim**

Friederike (Rika) **Neukircher**

Heirat: 06.02.1863 in Soest

Abraham Feldheim gründete mit Bendix Neukircher das Bankhaus Feldheim & Neukircher in Bielefeld.

Kinder:	verheiratet mit:
1. Ida **Feldheim** *06.11.1863 Bielefeld ✡ 30.06.1926 in Lippstadt	
2. Phillip **Feldheim** *01.10.1865 Bielefeld ✡ 20.01.1909 Pittsfield, Massachusetts, USA	
3. Clara **Feldheim** *03.06.1867 Bielefeld ✡ 12.06.1943 Theresienstadt	Benjamin **Stern**
4. Paula **Feldheim** *24.05.1868 Bielefeld ✡ 04.02.1943 Theresienstadt	Otto **Stern**
5. Emmi **Feldheim** *25.07.1870 Bielefeld ✡ 19.02.1943 Theresienstadt	

	verheiratet mit:
6. Eugen **Feldheim**	Emma Pauline Caroline **Staege**
*26.10.1872 Bielefeld	*23.07.1874 Stargard, Pommern
✡ 29.12.1939 Sachsenhausen	∞ 02.02.1897 Berlin
	✡ 17.06.1940 Berlin-Buch

Abraham Feldheim (*1830 in Stromberg) war das fünfte Kind seiner Eltern Philipp Feldheim (1786-1855) und Rebecca Hope (1797-1865). Abraham Feldheim und seine Ehefrau Friederike Neukircher lebten in Bielefeld. Sechs Kinder konnten für sie ermittelt werden. Die Töchter Clara, Paula und Emmy wohnten zuletzt im „Judenhaus" in Wiesbaden, Wallufer Straße 13. Von dort wurden sie nach Theresienstadt verschleppt und getötet. Der Sohn Eugen Feldheim starb im Lager Sachsenhausen in Oranienburg. Sohn Phillip Feldheim konnte sich nach Amerika retten. Ida Feldheim verstarb 1926 und fand ihre letzte Ruhestätte in Lippstadt.

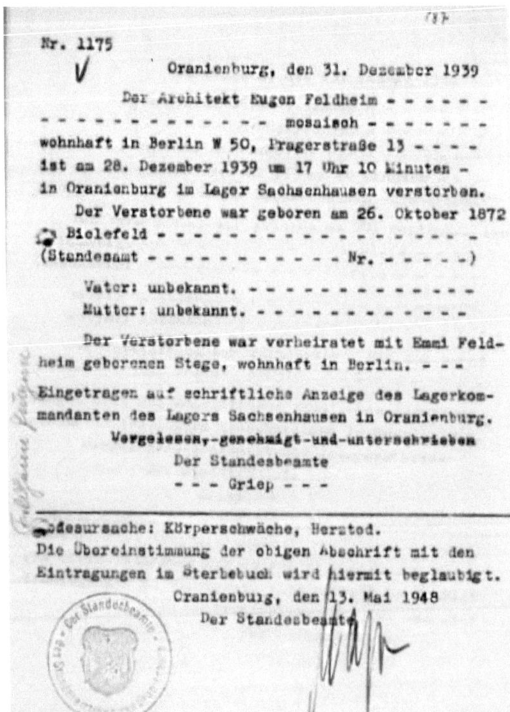

Nr. 1175

Oranienburg, den 31. Dezember 1939

Der Architekt Eugen Feldheim - - - - - - - - - - - - - - - - - - - mosaisch - - - - - - -
wohnhaft in Berlin W 50, Pragerstraße 13 - - - -
ist am 28. Dezember 1939 um 17 Uhr 10 Minuten - in Oranienburg im Lager Sachsenhausen verstorben.

Der Verstorbene war geboren am 26. Oktober 1872 in Bielefeld - - - - - - - - - - - - - - - - - -
(Standesamt - - - - - - - - - - - - Nr. - - - - -)

Vater: unbekannt. - - - - - - - - - - - - -
Mutter: unbekannt. - - - - - - - - - - - -

Der Verstorbene war verheiratet mit Emmi Feldheim geborenen Stege, wohnhaft in Berlin. - - -

Eingetragen auf schriftliche Anzeige des Lagerkommandanten des Lagers Sachsenhausen in Oranienburg.

Vorgelesen, genehmigt und unterschrieben

Der Standesbeamte

- - - Griep - - -

Todesursache: Körperschwäche, Herztod.

Die Übereinstimmung der obigen Abschrift mit den Eintragungen im Sterbebuch wird hiermit beglaubigt.

Oranienburg, den 13. Mai 1948

Der Standesbeamte

Abb. 57 – Sterbeurkunde für Eugen Feldheim, Dokumenten-ID 4117590 in den Arolsen Archives. Die Original-Urkunde befindet sich im Stadtarchiv Oranienburg.

Familie Eugen Feldheim
Berlin

Eugen **Feldheim,** Kaufmann und Architekt

Emma Pauline Caroline **Staege**

Heirat: 02.02.1897 in Berlin

Kinder:	verheiratet mit:
1. Curt Herbert Gustav Georg **Feldheim** * 10.03.1898 Berlin-Charlottenburg ✡ 30.07.1904 Berlin	
2. Günther Werner **Feldheim** * 01.08.1899 Berlin ✡ 01.11.1916 Berlin-Zehlendorf	
3. Margot Editha **Feldheim** * ca. 1901 Berlin-Wilmersdorf ✡ 30.09.1918 Berlin-Wilmersdorf	
4. Ellen Eugenie **Feldheim** * 17.12.1902 Berlin-Steglitz ✡ Juni 1982 Newcastle and Lyme, Staffordshire, England	Geoffrey Booth **Duncan** * 30.03.1902 Wolstanton, Staffordshire, England ✡ Dez. 1980 Stoke-on-Trent, Staffordshire, England
5. Heinz Wolfgang **Feldheim** * 07.03.1907 Berlin-Wilmersdorf ✡ 1990 Berlin	

Familie Isaac Loe
Stromberg, Daudenstraße 18

Isaac **Loe,** Viehhändler
*19.05.1880 in Stromberg
✡ 15.08.1942 in Theresienstadt

In der Meldekartei heißt es: „1942 nach unbekannt verzogen".
(Oelde B 3118 im Kreisarchiv Warendorf)

Ella **Edler**
*15.11.1881 in Wadersloh
✡ 1942 in Riga

Heirat: 11.05.1906 in Wadersloh

Kinder:	verheiratet mit:
1. Siegfried **Loe** * 29.09.1905 in Mettinghausen ✡ 18.08.1942 in Auschwitz	
2. Paul **Loe** *16.06.1907 in Stromberg	
3. Lilli **Loe** *28.10.1908 in Stromberg ✡ 1942 in Riga	
4. Alfred **Loe** *12.11.1909 in Stromberg ✡ 07.05.1945 in Dachau	Erna **Simon** *20.12.1910 in Ahlen ✡ 06.03.1944 in Auschwitz

gemeinsamer Sohn Robert **Loe**
*02.06.1942 in Amsterdam, Niederlande
✡ 06.03.1944 in Auschwitz

KL.: Konzentrationslager Stutthof

Jude

Häftl.-Nr.: 99 743

Häftlings-Personal-Karte

Fam.-Name: Loe
Vorname: Alfred
Geb. am: 12.11.09 in: Stromberg
Stand: verh. Kinder: 1
Wohnort: Amsterdam
Strasse: Waal 60
Religion: mos. Staatsang.: Holland.
Wohnort d. Angehörigen: Ehefrau Erna L. Adr. unbekannt

Eingewiesen am: 28.10.44
durch: Kl. Auschwitz
in KL.: Stutthof
Grund: unb.
Vorstrafen: keine

Überstellt
am: 17.[illegible].1944 an KL. Natzweiler
am: an KL.
am: an KL.
am: an KL.
am: an KL.
am: an KL.

Entlassung:
am: durch KL.:
mit Verfügung v.:

Personen-Beschreibung:
Grösse: cm
Gestalt:
Gesicht:
Augen:
Nase:
Mund:
Ohren:
Zähne:
Haare:
Sprache:

Bes. Kennzeichen: li. u. Arm tätov. 174776
Charakt.-Eigenschaften:

Sicherheit b. Einsatz:

Körperliche Verfassung:

Strafen im Lager:

Grund:	Art:	Bemerkung:

KL. 5-a 44 Bez. 000

Abb. 58 – Häftlings-Personal-Karte Alfred Loe, Stutthof, 1.1.41.2/4555435/ITS Digital Archive, Arolsen Archives

Abb. 59 – Wohnhaus der Familie Loe in Stromberg, Daudenstraße 18

Nach der Scheidung der Eltern im Jahr 1920 blieb die Tochter Lilli bei der Mutter, die Söhne blieben beim Vater. Ella und Lilli Edler wohnten in Wadersloh in der Wilhelmstraße, in dem von Ellas Eltern geerbten Haus. Am 10.12.1941 wurden Ella und Lilli Loe von der Gestapo abgeholt, auf die Ladefläche eines LKW verfrachtet und mit weiteren Juden aus der Region zum „Gertrudenhof" in Münster gebracht. Von dort wurden sie mit ca. 1000 Leidensgenossen nach Riga deportiert. Die Söhne Siegfried und Alfred Loe flüchteten nach Amsterdam, wo sie sich sicher glaubten. Doch sie wurden aufgespürt und über das Durchgangslager Westerbork nach Auschwitz verschleppt. Siegfried Loe wurde dort ermordet, Alfred Loe starb eine Woche nach seiner Befreiung im KZ Dachau.

Paul Loe war schon 1935 nach Paris geflüchtet und entkam als einziges Mitglied der Familie Loe dem Holocaust. Der Vater Isaac Loe wurde am 29.07.1942 als letzter Stromberger Jude abgeholt und nach Theresienstadt deportiert.[49]

Abb. 60/61/62 - Stolpersteine für Alfred, Erna und Robert Loe, verlegt in Ahlen, Weststraße 73. Das war die letzte, freiwillig gewählte Adresse der Familie Simon in Ahlen, die Eltern von Erna.

Abb. 63/64 -Stolpersteine für Ella und Lilli Loe, verlegt in Wadersloh

49 Hans-Josef Kellner, Die vergessenen Nachbarn - wer kennt sie noch?, Die Geschichte der jüdischen Familien in Wadersloh seit 1816, hg. vom Kreisgeschichtsverein Beckum-Warendorf e. V., Warendorf 2012, S. 332-336.

Familie Abraham Löwenbach
Stromberg

Abraham **Löwenbach,** Metzger
*ca. 1775
✡ 22.01.1835 in Stromberg

Jetta **Aron**
*ca. 1785
✡ 13.08.1835 in Stromberg

Kinder:	verheiratet mit:
1. Meier **Löwenbach** *07.12.1815 in Stromberg ✡ 28.11.1854 in Mastholte	Amalie (Malchen) **Dannenbaum** ∞ 11.10.1843 in Neuenkirchen
Kinder: 1. Henriette **Löwenbach** *20.06.1844 in Mastholte 2. Dina **Löwenbach** *02.02.1846 in Mastholte 3. Abraham **Löwenbach** *23.06.1849 in Mastholte	
2. Esther **Löwenbach** *17.12.1817 in Stromberg	
3. Rosa Rika **Löwenbach** *27.10.1818 in Stromberg oder *29.11.1819 in Stromberg ✡ 03.03.1895 in Münster	Abraham **Miltenberg** aus Amelsbüren ∞ 08.03.1845

	verheiratet mit:
4. Levi **Löwenbach** *11.05.1822 in Stromberg	I. Jette **Miltenberg** *03.07.1850 ∞ 19.10.1867
	II. Hanne **Goldschmidt**
5. Philipp **Löwenbach** *14.04.1824 in Stromberg ✡ 27.09.1894 in Wadersloh	Clara **Cohn** *14.03.1823 in Wadersloh ∞ November 1851 ✡ 11.07.1892 in Wadersloh
6. Gella **Löwenbach** *15.09.1826 in Stromberg	
7. Julie **Löwenbach**	

Kinder:

1. Abraham **Löwenbach**
   *27.01.1851 in Mastholte

2. Jettchen **Löwenbach**
   *16.10.1858 in Laer

Julie Löwenbach wohnte 1851 bei ihrem Bruder Meier Löwenbach in Mastholte, 1858 wohnte sie in Laer und war dort als Dienstmagd und Näherin tätig.

Familie Philipp Löwenbach
Wadersloh, Freudenberg 26 (Dorf 113)

Philipp **Löwenbach,** Viehhändler

Clara **Cohn**

Kinder:	verheiratet mit:
1. Jette **Löwenbach** *12.03.1852 in Wadersloh ✡ 04.06.1852 in Wadersloh	
2. Bernhardina (Dina) **Löwenbach** *25.04.1853 in Wadersloh ✡ 17.03.1937 in Wadersloh	
3. Emma (Bertha) **Löwenbach** *25.12.1854 in Wadersloh ✡ 15.11.1930 in Rheda	Leeser **Windmüller** *06.02.1847 in Rheda ∞ 14.06.1887 in Wadersloh ✡ 11.06.1908 in Rheda
4. Ricka **Löwenbach** *04.05.1857 in Wadersloh ✡ 12.09.1914 in Wadersloh	
5. Pauline **Löwenbach** *20.01.1861 in Wadersloh ✡ 07.01.1925 in Wadersloh	
6. Julia **Löwenbach** *16.11.1862 in Wadersloh ✡ 29.11.1900 in Wadersloh	
7. Abraham **Löwenbach** *26.01.1865 in Wadersloh ✡ 15.03.1873	

Dina, Ricka und Pauline Löwenbach blieben ledig. Sie arbeiteten als Weißnäherinnen und führten im Elternhaus ein kleines Geschäft mit Stoffen und Kurzwaren. Nebenher betrieben sie eine kleine Handarbeitsschule für die Mädchen des Dorfes. 1935 meldete Dina Löwenbach ihr Gewerbe ab. Eine Zeitzeugin erinnerte sich, Dina Löwenbach sei regelmäßig von den Nationalsozialisten schikaniert worden. Die Fenster seien eingeschlagen und die Tür eingetreten worden. Dina Löwenbach habe immer große Angst gehabt.[50]

Abb. 65 - Stolperstein in Wadersloh, Freudenberg 26

50 Kellner, Die vergessenen Nachbarn, S. 327.

Familie Abraham Markhoff (I)
Stromberg

Abraham **Markhoff**
*ca. 1796 in Stromberg
✡ 27.01.1877 in Wolbeck

Beyle **Meyer** (1. Ehefrau)
*ca. 1801
✡ 20.12.1835 in Stromberg

Heirat: 09.11.1826

<u>Kinder:</u>
1. Efrahim **Markhoff**
   *02.01.1827 in Stromberg
   ✡ 19.02.1827 in Stromberg

2. Malchen **Markhoff**
   *26.01.1828 in Stromberg
   ✡ 23.04.1830 in Stromberg

3. Meyer **Markhoff**
   *08.02.1831 in Stromberg
   ✡ 03.06.1850 in Stromberg

4. Rachel **Markhoff**
   *30.04.1834 in Stromberg
   ✡ 05.01.1837 in Stromberg

Abraham Markhoff war Kaufmann in Stromberg. Er wurde unter dem Namen Abraham Marcus geboren und wählte später den Nachnamen Markhoff. Auffällig ist in beiden Ehen von Abraham Markhoff die hohe Kindersterblichkeit.

Familie Abraham Markhoff (II)

Abraham **Markhoff**
* ca. 1796 in Stromberg
✡ 27.01.1877 in Wolbeck

Sara **Steinberg** (2. Ehefrau)

Heirat: 17.02.1836

Kinder:	verheiratet mit:
1. David **Markhoff** *01.12.1836 in Stromberg ✡ 22.12.1900 in Münster	Johanna **Levy** *01.05.1836 in Herbern ∞ 31.10.1864 ✡ 20.03.1899 in Münster

David und Johanna Markhoff wurden beide auf dem jüdischen Friedhof in Münster bestattet.

2. Schönchen **Markhoff** *14.02.1838 in Stromberg ✡ 19.04.1840 in Stromberg	
3. Marcus (Max) **Markhoff** *14.02.1838 in Stromberg ✡ 26.04.1907 in Wolbeck	Rosalie **Lippers** *1839 in Nottuln ∞ 19.10.1868 in Wolbeck ✡ 09.08.1911 in Wolbeck
4. Nathan **Markhoff** *18.11.1839 in Stromberg ✡ 27.03.1840 in Stromberg	
5. Esther **Markhoff** *17.02.1841 in Stromberg ✡ 29.04.1841 in Stromberg	

6. Philipp **Markhoff**
   *05.03.1842 in Stromberg
   ✡ 15.01.1843 in Stromberg

7. Israel **Markhoff**
   *04.11.1843 in Stromberg
   ✡ 13.02.1844 in Stromberg

8. NN (w) **Markhoff**
   *07.12.1844 in Stromberg

9. NN (w) **Markhoff**
   *09.03.1846 in Stromberg

10. Heinemann **Markhoff**
   *17.08.1848 in Stromberg

Die Familie Markhoff zog nach 1848 nach Wolbeck. Lediglich vom Sohn Marcus (Max) Markhoff fanden sich Spuren der nächsten Generation.

Familie Marcus (Max) Markhoff
Wolbeck 52

Marcus (Max) **Markhoff,** Krämer und Uhrmacher in Wolbeck

Rosalia **Lippers**

Kinder:	verheiratet mit:
1. Sophie **Markhoff** * 14.09.1870 in Wolbeck ✡ 20.12.1873 in Wolbeck	
2. Johanna **Markhoff** * 09.07.1872 in Wolbeck	
3. Julius **Markhoff** * 22.07.1874 in Wolbeck	
4. Alfred **Markhoff** * 03.04.1878 in Wolbeck ✡ 1942 in Polen, Ghetto Izbica	Regina **Joseph** * 07.06.1881 in Essen-Kettwig ✡ 1942 in Polen, Ghetto Izbica
5. Otto **Markhoff** * 22.07.1879 in Wolbeck ✡ 08.06.1927	Rosa **Marx** * 05.04.1879 in Wesseling ✡ 01.03.1941 in Köln-Ehrenfeld
6. Emma **Markhoff** * 18.08.1881 in Wolbeck	
7. Louis **Markhoff** * 26.06.1885 in Wolbeck	Rickchen **Eichholz** * 16.12.1885 in Niederelsungen ∞ 21.11.1911 in Oberelsungen

Einzelne Informationen zur Familie Markhoff in Wolbeck wurden dem Wolbecker Ortsfamilienbuch entnommen (s. Literatur).

Familie Robert Meintrup
Münster

Robert **Meintrup**
* 15.06.1899 in Stromberg
† 20.06.1947 in Amelsbüren

Erna **Levy**
* 04.10.1906 in Gerolstein
† 08.12.1969 in Münster[51]

Heirat: 12.12.1932 in Köln

Kinder:
1. Brigitta **Meintrup**
   * 1943/ † 1943

2. Werner **Meintrup**
   1944 in Münster

Robert Meintrup entstammte einer alteingesessenen, katholischen Familie in Stromberg. Seine Ehefrau, Erna geb Levy, war Jüdin, die zum katholischen Glauben übergetreten war. Das Ehepaar lebte in Münster. Trotz Druck der Nationalsozialisten, die zu einer Scheidung der „Mischehe“ drängten, hielten Robert und Erna Meintrup zusammen und an der Ehe fest. Um dem Druck der Nazis auszuweichen, zog Erna Mitte Juni 1944 mit dem kleinen Sohn Werner zu Verwandten ihres Mannes nach Stromberg. Nach einer Denunziation wurde Erna Meintrup im Februar 1945 nach Theresienstadt deportiert. Dort wurde sie sofort zum Arbeitseinsatz in die Zentralwäscherei geschickt und galt fortan nur noch als „Nummer XI/5-34“.[52]

---

51 Gisela Möllenhoff, Rita Schlautmann-Overmeyer, Jüdische Familien in Münster 1918 bis 1945, Teil 1: Biographisches Lexikon, hg. von Franz-Josef Jakobi, Andreas Determann, Diethard Aschoff, Münster 1995, S. 293, 294.

52 Ebd.

Sie überwand Hunger, Krankheit und Prügel und wurde befreit.[53]
Werner Meintrup wurde während der erzwungenen Abwesenheit der Mutter von den Verwandten in Stromberg versorgt.[54]

---

53 Christoph Stehr, Gerolstein und seine jüdischen Mitbürger bis 1945, hg. von der Stadt Gerolstein, 1986.

54 Tillmann, Die Geschichte der jüdischen Minderheit in Stromberg, S. 345.

Familie David Silberberg
Stromberg, Daudenstraße 2

David **Silberberg,** Viehhändler
*22.06.1879 in Wadersloh
✡ 1952 in Buenos Aires, Argentinien

Elma **Edler**
*19.09.1884 in Stromberg
✡ 1981 in Buenos Aires, Argentinien

Heirat: 20.08.1906 in Stromberg

Kinder:	verheiratet mit:
1. Elli **Silberberg** *28.07.1907 in Stromberg	Max Leonhard **Leiberg** *22.03.1907 in Leipzig ∞ 18.05.1935 in Stromberg

2. Max **Silberberg**
*27.02.1909 in Stromberg
✡ 1980 in Buenos Aires, Argentinien

Er flüchtete 1938 nach Argentinien

3. Hilde **Silberberg**
*10.10.1910 in Stromberg
✡ 1972 in Buenos Aires, Argentinien

Hilde Silberberg war Modistin. Sie flüchtete 1937 nach Argentinien.

Abb. 66 – In der Daudenstraße 2 ist ein Stolperstein verlegt worden für Jeanette Silberberg. Hier ist sehr wahrscheinlich die Mutter von Elma Edler gemeint. Sie hieß Jeanette Edler und war 1853 in Frechen geboren. Ihr Mädchenname lautete Moses.

Der Familie David Silberberg gelang die Flucht aus Deutschland nach Argentinien. David und Elma Silberberg flüchteten 1939.
Vier Geschwister von David Silberberg, alle aufgewachsen in Wadersloh, wurden Opfer der Shoah. Ihre Sterbeorte sind Treblinka, Auschwitz und Riga.
Zwei Schwestern von Elma Silberberg geb. Edler, Klara Edler und Paula Edler, wurden ebenfalls Opfer der Shoah. Der Bruder Emil Edler ist im ersten Weltkrieg gefallen.
Elma Silberberg geb. Edler (1884-1981) und Ella Loe geb. Edler (1881-1942) waren Cousinen. Ihre Väter, Meier Edler (1812-1907) und Salomon Edler (1823-1892), waren Brüder.

Abb. 67 – Das Wohn- und Geschäftshaus Edler liegt auf der rechten Seite dieser Abbildung, Stromberg, Daudenstraße

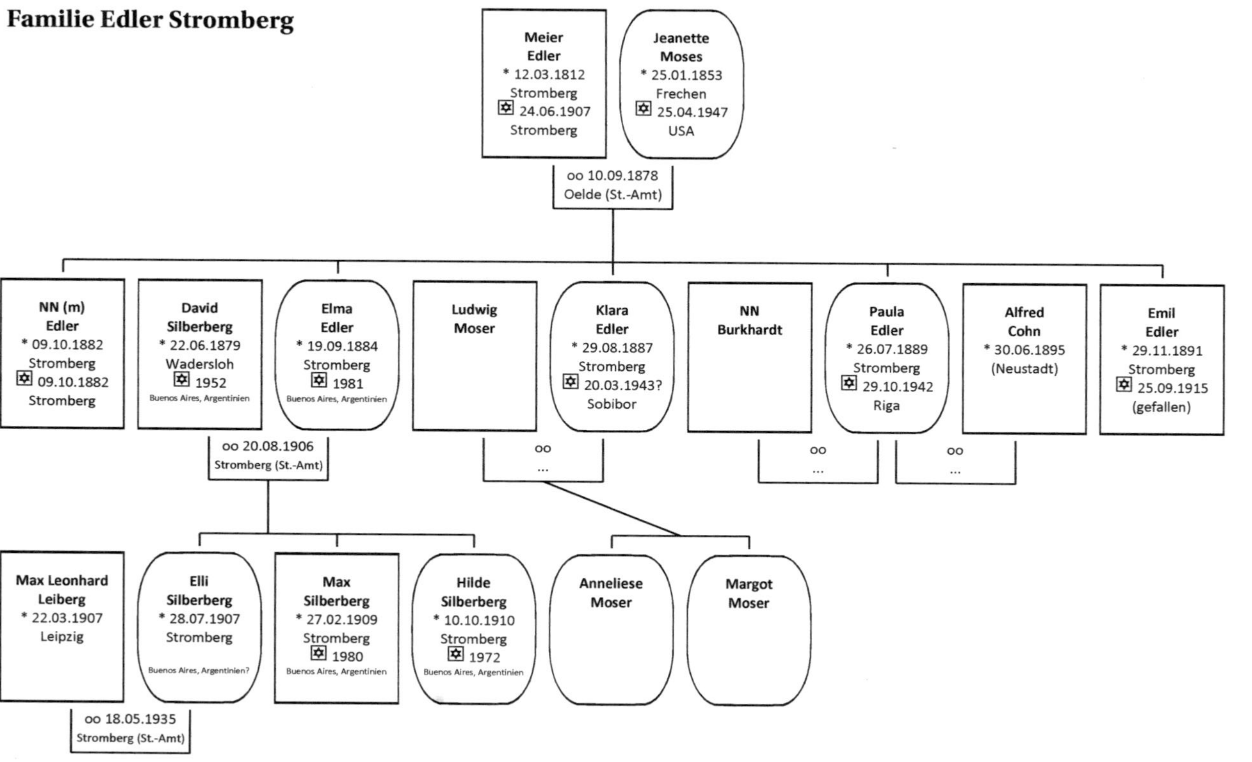
Familie Edler Stromberg
Meier Edler * 12.03.1812 Stromberg ✡ 24.06.1907 Stromberg
Jeanette Moses * 25.01.1853 Frechen ✡ 25.04.1947 USA
oo 10.09.1878 Oelde (St.-Amt)
NN (m) Edler * 09.10.1882 Stromberg ✡ 09.10.1882 Stromberg
David Silberberg * 22.06.1879 Wadersloh ✡ 1952 Buenos Aires, Argentinien
Elma Edler * 19.09.1884 Stromberg ✡ 1981 Buenos Aires, Argentinien
Ludwig Moser
Klara Edler * 29.08.1887 Stromberg ✡ 20.03.1943? Sobibor
NN Burkhardt
Paula Edler * 26.07.1889 Stromberg ✡ 29.10.1942 Riga
Alfred Cohn * 30.06.1895 (Neustadt)
Emil Edler * 29.11.1891 Stromberg ✡ 25.09.1915 (gefallen)
oo 20.08.1906 Stromberg (St.-Amt)
oo ...
oo ...
oo ...
Max Leonhard Leiberg * 22.03.1907 Leipzig
Elli Silberberg * 28.07.1907 Stromberg Buenos Aires, Argentinien?
Max Silberberg * 27.02.1909 Stromberg ✡ 1980 Buenos Aires, Argentinien
Hilde Silberberg * 10.10.1910 Stromberg ✡ 1972 Buenos Aires, Argentinien
Anneliese Moser
Margot Moser
oo 18.05.1935 Stromberg (St.-Amt)

Abb. 68

Gedenken an die jüdischen Bürgerinnen und Bürger aus Oelde und Stromberg

Heute morgen 3 Uhr starb plötzlich und unerwartet infolge Altersschwäche mein innigstgeliebter guter Vater und Onkel, der

Metzgermeister

Meier Aschenberg

im Alter von 85 Jahren.
Dies zeigt tiefbetrübt an:

Sophie Aschenberg.

Oelde, den 17. Februar 1921.

Die Beerdigung findet statt am Sonntag, dem 20. d. Mts., nachm. 3 Uhr vom Trauerhause aus.
Sollte jemand aus Versehen keine besondere Anzeige erhalten haben, so bitte ich, diese als solche anzusehen.

Abb. 69

Krieger-Verein Oelde.

Kamerad Meier Aschenberg, Mitkämpfer von 1866 u. 1870/71, ist gestorben.
Antreten zur Beerdigung Sonntag nachmittag $2^3/_4$ Uhr am Sterbehause.

Der Vorstand.

Abb. 70

Todes-Anzeige.

Gestern ist meine liebe Gattin und unsere gute Mutter

Frau Minna Aschenberg

geb. Waldbaum

im Alter von 84 Jahren nach $1^1/_2$tägiger Krankheit sanft und gottergeben ins Jenseits hinübergeschlummert.

Oelde, den 9. Dezember 1909.

Die trauernde Familie.

Die Beerdigung findet Freitag nachm. $3^1/_2$ Uhr statt.

Abb. 71

Statt besonderer Anzeige.

Heute nacht 3 Uhr verschied nach langem, schwerem Leiden unser Gemeindemitglied

Frl. Rosa Aschenberg

Wir werden Ihr stets ein bleibendes Andenken bewahren.

Die Synagogengemeinde Oelde

Oelde, den 18. März 1924.

Die Beerdigung findet statt am Freitag, dem 21. d. Mts., nachmittags 3 Uhr vom Krankenhause aus.

Abb. 72

Statt jeder besonderen Anzeige.

Heute abend 9 Uhr verschied plötzlich und unerwartet mein innigstgeliebter Gatte, unser treusorgender Vater, Großvater, Schwiegersohn, Schwiegervater und Bruder

Hermann Baer

im fast vollendeten 55. Lebensjahre

Beckum, Oelde, Greußen (Thür.), 31. Dez. 1925.

Die trauernden Hinterbliebenen.

Die Beerdigung findet am Sonntag, dem 3. Januar, nachmittags 2½ Uhr, vom Trauerhause aus statt.

Abb. 73

Gott dem Allmächtigen hat es in seinem unerforschlichen Ratschlusse gefallen, heute abend meinen innigstgeliebten Mann, unsern herzensguten Vater, Schwager und Onkel

Louis Berg

nach mehrwöchigem, schwerem Krankenlager im fast vollendeten 60. Lebensjahre, nach 29jähriger, glücklicher Ehe zu sich in die Ewigkeit zu nehmen.

Dies zeigen mit der Bitte um stille Teilnahme tiefbetrübt an

Ottilie Berg geb. Wolf
und Tochter.

Essen-Rüttenscheid, Köln, Oelde, Berlin, den 5. April 1916.

Abb. 74

Es hat Gott dem Allmächtigen gefallen, heute Abend 6½ Uhr unsere gute Mutter, Schwiegermutter, Großmutter und Urgroßmutter,

Frau Ww. Scholman Cohn,

im 95. Lebensjahre, nach längerem Leiden, in ein besseres Jenseits abzurufen.

Im Namen der Hinterbliebenen:

Billa Cohn.

Oelde, 5. Novbr. 1897.

Die Beerdigung findet statt am Montag, d. 8. November, nachmittags 3 Uhr.

Abb. 75

Statt jeder besonderen Anzeige.

Gestern abend verschied nach kurzem, schwerem Leiden in Bielefeld meine innigstgeliebte Tochter, mein einziges Kind, unsere liebe Nichte und Kusine

Fräulein

Johanna Berg

im blühenden Alter von 25 Jahren.

In tiefster Trauer:

Frau Ottilie Berg geb. Wolf.

Oelde, den 5. März 1927.

Die Beerdigung ist Dienstag, den 8. März, um 3 Uhr von der Synagoge in Oelde aus.

Abb. 76

Todes-Anzeige.

Heute Morgen ½3 Uhr entschlief sanft infolge Altersschwäche unsere [illegible] Mutter, Schwieger-, Gross-, Urg[illegible] und Tante

Frau Ww. Selig Daltrop

geb. Wolf

kurz vor vollendetem 89. Lebensjahre.

Um stille Teilnahme bitten

Die trauernden Hinterbliebenen.

Oelde, Meiderich, Waldbreitbach, Hamburg und Rheurdt, den 11. März 1905.

Die Beerdigung findet Dienstag, den 14. cr., nachmittags 3 Uhr, vom Trauerhause aus statt.

Abb. 77

Statt besonderer Anzeige.

Heute nachmittag verschied nach langem, schwerem Leiden mein lieber Mann, unser guter Vater, Bruder, Schwager und Onkel

Max Daltrop

im Alter von 63 Jahren.

Oelde, den 16. Juli 1917.

Die trauernden Hinterbliebenen:
Ida Daltrop geb. Sachs,
Albert, Martin und Bernard Daltrop.

Die Beerdigung findet am Freitag, dem 20. Juli, nachmittags 3¼ Uhr vom Sterbehause aus statt.

Abb. 78

Statt Karten

Heute morgen 10 Uhr entschlief mein lieber Mann, unser guter Vater, Schwiegervater und Großvater, der

Viehhändler

Benjamin Daltrop

nach vollendetem 78. Lebensjahre.

Im Namen der Hinterbliebenen:
Henriette Daltrop geb. Sachs

Oelde i. W., den 10. Dezember 1934.

Die Beerdigung findet am Donnerstag, dem 13. Dezember, nachmittags 3¼ Uhr vom Trauerhause, Kirchstraße 10, aus statt.

Abb. 79

Am 30. März 1977 verstarb

Herr Rechtsanwalt und Notar

Albert Daltrop

im Alter von 90 Jahren.

Im Namen der Familie:
Lotte Daltrop

Die Beisetzung hat am 1. April 1977 stattgefunden.

Abb. 80

NEUE WESTFÄLISCHE NR. 131, FREITAG, 8. JUNI 2001

Der Weg des Menschen, den wir liebten und verehrten, endete im 101. Lebensjahr am 6. Juni 2001.

Charlotte Daltrop

In Dankbarkeit für ihr Leben:
Ihre Kinder
und Freunde

Traueradresse: Niemoeller, Detmolder Straße 52, 33604 Bielefeld

Abb. 81

Statt Anzeige.

Heute, Montag, abends 1/212 Uhr hat es dem Allmächtigen gefallen, meinen lieben Mann, unsern guten Vater, Schwiegervater, Onkel und Schwager, den

Kaufmann

Meier Edler

im hohen Alter von 95 Jahren zu sich zu nehmen.

Stromberg, den 24. Juni 1907.

Die trauernden Hinterbliebenen.

Die Beerdigung findet Donnerstag, nachmittags 2 Uhr statt.

Abb. 82

Todes-Anzeige.

Heute Morgen 5 Uhr verschied sanft nach kurzem, mit Geduld ertragenem Leiden, unser innigstgeliebter Vater, Grossvater, Urgrossvater und Onkel,

der Kaufmann

Isak Elsberg

infolge Altersschwäche im Alter von 86 Jahren. Freunden und Bekannten widmen diese Traueranzeige mit der Bitte um stille Teilnahme

Oelde und Steele, 23. Mai 1892.

Die trauernden Hinterbliebenen.

Die Beerdigung findet statt am Mittwoch Nachmittag 3 Uhr.

Abb. 83

Statt besonderer Anzeige.

Heute morgen entschlief sanft und ganz unerwartet infolge Herzschwäche unser über alles geliebter, treusorgender, unvergeßlicher Vater, Großvater und Schwiegervater,

Herr Leeser Elsberg

im 85. Jahre eines arbeitsamen, reichgesegneten Lebens.

Die tieftrauernden Hinterbliebenen.

Warendorf, Hamm, Berlin, Emden, den 30. Okt. 1921.

Die Beerdigung findet statt am Mittwoch, dem 2. Nov., nachmittags 4 Uhr vom Sterbehause, Freckenhorsterstraße 22, aus. Von Kranzspenden bittet man, im Sinne des Verstorbenen absehen zu wollen.

Abb. 84

Statt jeder besonderen Anzeige.

Gott dem Allmächtigen hat es in seinem unerforschlichen Ratschlusse gefallen, heute morgen 5 Uhr unsere innigstgeliebte, unvergeßliche Mutter, Schwiegermutter, Großmutter, Urgroßmutter, Schwester, Schwägerin und Tante,

Frau Rosa Hertz

geb. Elsberg

zu sich in die Ewigkeit abzurufen. Sie starb infolge Altersschwäche, im 82. Lebensjahre.

Die trauernden Hinterbliebenen.

Ostenfelde, Beelen, Goßlar, Jülich, Borghorst, Hamburg, Görzenick, Beckum, Habighorst, den 16. August 1921.

Die Beerdigung findet am Freitag, dem 19. August, nachm. 3 Uhr in Oelde, von der Warendorferstr. aus statt.

Abb. 85

Statt jeder besonderen Anzeige.

Todes-Anzeige.

Gott dem Allmächtigen hat es in seinem unerforschlichen Ratschlusse gefallen, Sonnabend abend 11½ Uhr meinen innigstgeliebten Mann, unsern guten treuen Vater, Grossvater, Schwiegervater, Bruder, Schwager und Onkel

Herrn Josef Hertz

nach langer, schwerer, mit grosser Geduld ertragener Krankheit, im Alter von 74 Jahren zu sich in die Ewigkeit abzurufen.

Ostenfelde, den 15. Oktober 1905.

Die trauernden Hinterbliebenen.

Die Beerdigung findet Dienstag, den 17. d. Mts., nachmittags 3 Uhr in Oelde vom Warendorfer-Tor aus statt.

Abb. 86

Todes-Anzeige.

Dem Allmächtigen hat es gefallen, gestern abend um 9½ Uhr meinen innigst geliebten Mann, unsern guten Vater, Bruder, Schwiegervater und Onkel, den

Kaufmann

Josua Hoffmann

nach langjährigem schweren Leiden, im Alter von 61 Jahren in die Ewigkeit abzurufen.

Um stille Teilnahme bitten

Die trauernden Angehörigen.

Oelde, Köln und Oberhausen, den 19. Januar 1904.

Die Beerdigung findet Donnerstag nachmittag um 3 Uhr vom Sterbehause aus statt.

Abb. 87

Statt jeder besonderen Anzeige.

Am Sonntagabend 10.15 Uhr entschlief ruhig, infolge Herzschwäche, meine gute, treusorgende Tochter, unsere liebe Schwester, Schwägerin und Tante,

Fräulein Rosa Hoffmann

im Alter von 47 Jahren.

Im Namen der trauernden Hinterbliebenen:
Frau Wwe. Hoffmann

Oelde, den 1. Juni 1931.

Die Beerdigung findet statt am Donnerstagnachmittag 3 Uhr vom Trauerhause, Oelde, Lange Straße 45, aus

Abb. 88

Statt jeder besonderen Anzeige.

Todes-Anzeige.

Gestern abend gegen 12 Uhr verschied sanft und gottergeben nach kurzem, schwerem Leiden meine innigstgeliebte Frau, die treusorgende Mutter meines Kindes, unsere gute Tochter, Schwester, Schwägerin und Tante

Betty Hoffmann

geb. Rosenthal.

Wir bitten um stille Teilnahme.

Im Namen der trauernden Hinterbliebenen:
Ph. Hoffmann (z. Zt. im Felde).
Ruth Hoffmann.

OELDE, Hagen, den 23. September 1914.

Die Beerdigung findet Freitag nachmittag 3½ Uhr vom Trauerhause, Langestraße 121 aus statt.

Abb. 89

Statt besonderer Anzeige.

Nun nahm dieser unheilvolle Krieg mir schon den zweiten Sohn und machte mein Enkeltöchterchen zur Waise. Am 28. September starb in einem Feldlazarett mein ältester Sohn

Philipp Hoffmann

Unteroffizier in einem Infanterie-Regt.

an einer durch Artillerie-Geschoß hervorgerufenen Verwundung im Alter von 41 Jahren. Er ruht auf einem Ehrenfriedhof in Feindesland.

Im Namen der Angehörigen:

Frau Wwe. Josua Hoffmann.

Oelde, den 4. Oktober 1917.

Abb. 90

Todes-Anzeige.

Dem Herrn über Leben und Tod hat es gefallen, heute morgen 8 Uhr nach kurzer, mit Geduld ertragener Krankheit, meine liebe Frau, unsere unvergessliche Mutter, Schwiegermutter, Grossmutter, Schwägerin und Tante, die

Ehefrau Kaufmann Jakob Hope,

Johanna geb. Elsberg,

im Alter von 52 Jahren durch einen sanften Tod infolge Herzschwäche zu sich in die Ewigkeit abzurufen.

Um stille Teilnahme bitten

Die trauernden Hinterbliebenen.

Oelde, Steele, Kassel, den 9. Dez. 1898.

Die Beerdigung findet Sonntag nachmittag 3 Uhr vom Trauerhause aus statt.

Abb. 91

Todes-Anzeige.

Heute morgen $6\frac{3}{4}$ Uhr entschlief sanft nach kurzem Krankenlager infolge eines Gehirnschlages unser innigstgeliebter Vater, Schwiegervater, Grossvater, Bruder, Schwager und Onkel der

Kaufmann

Jacob Hope

im 66. Lebensjahre.

Um stille Teilnahme bitten

die trauernden Hinterbliebenen.

Oelde, Steele, Breyel, Wanne, den 28. Mai 1903.

Die Beerdigung findet Sonntag nachmittag $3\frac{1}{4}$ Uhr statt.

Abb. 92

Todes-Anzeige.

Heute abend 10 Uhr verschied plötzlich infolge eines Herzschlages unser lieber Pflegevater, Bruder und Onkel

der Kaufmann

Josua Hope

im Alter von 76 Jahren.

Mit der Bitte um stille Teilnahme zeigen dieses tiefbetrübt an

Die trauernden Angehörigen.

Oelde und **Aplerbeck**, den 19. April 1910.

Die Beerdigung findet Freitag Nachmittag um $3\frac{1}{2}$ Uhr vom Sterbehause aus statt.

Sollte jemand aus Versehen keine Anzeige erhalten, bitten diese als solche zu betrachten.

Abb. 93

Heute abend acht Uhr entschlief sanft nach langem, schwerem, schmerzhaftem Leiden unser guter, lieber Vater, Schwiegervater, Großvater, Schwager und Onkel

Moses Hope

im 85. Lebensjahre.

In tiefer Trauer:

Die Hinterbliebenen.

Oelde, Aplerbeck, Brühl und Gütersloh.

Die Beerdigung findet Freitag Nachmittag $3\frac{1}{4}$ Uhr vom Trauerhause aus statt.

Abb. 94

Todes-Anzeige.

Heute entschlief nach längerem, schweren, mit grosser Geduld ertragenen Leiden, meine innigstgeliebte Frau, unsere gute Pflegemutter und Tante,

Frau Josua Hope

geb. Weinberg

im vollendeten 61. Lebensjahre.

Wir bitten um stilles Beileid in unserem Schmerze.

Oelde und Aplerbeck, 27. Mai 1901.

Die trauernden Hinterbliebenen.

Die Beerdigung findet Donnerstag nachmittag 3 Uhr vom Sterbehause aus statt.

Abb. 95

Statt jeder besonderen Anzeige.

„Zu Gott, als mir war angst und weh, rief ich, und er erhörte mich.“
(Psalm 120.)

Stille und gottergeben starb Freitag, den 15. Februar, abends gegen 11 Uhr infolge langer, mit größter Geduld ertragener Krankheit, nach einem wahrhaft segensvollen Lebenswandel unsere herzensgute, stets besorgte Schwester und Schwägerin, unsere treue Tante,

Fräulein Sophie Hope

im Alter von 61 Jahren.

Im Namen der trauernden Hinterbliebenen:
Josua Hope, Oelde
Paul Hope, Brühl

Oelde, Brühl, Aplerbeck, Gütersloh, den 17. Febr. 1929.

Die Beerdigung findet statt Dienstag, den 19. Februar, nachmittags 3.30 Uhr vom Sterbehause aus.

Abb. 96

Sonntag, den 24. Dezember entschlief in Herford plötzlich und unerwartet, im Alter von 83 Jahren unsere Mutter und Großmutter,

Frau Wwe. L. Hope

Hanny geb. Feldheim.

Im Namen der Angehörigen:
Carl Hope.

Berl (Bez. Minden), den 26. Dezember 1916.

Die Beerdigung findet Donnerstag, den 28. Dezember, nachm. 3 Uhr, in Neuenkirchen statt.

Abb. 97

Statt besonderer Anzeige.

Heute Nacht 12 Uhr entschlief sanft und ruhig nach langem, schweren Leiden mein innigstgeliebter Mann u. Vater

Philipp Loé

im Alter von 77 Jahren.

Stromberg i. W., 19. Oktober 1901.

Die trauernde Gattin nebst Sohn.

Die Beerdigung findet am Montag nachmittag 2 Uhr statt.

Abb. 98

Statt besonderer Anzeige!

Todes-Anzeige.

Heute mittag um 12 Uhr entschlief sanft und ruhig nach kurzer Krankheit unsere innigstgeliebte Mutter, Schwiegermutter und Grossmutter

Frau Ww. Philipp Loé

im Alter von 75 Jahren.

Stromberg i. W., den 14. Sept. 1909.

Die trauernde Familie J. Loé.

Die Beerdigung findet statt Freitag, den 17. September, nachmittags um 3¼ Uhr.

Abb. 99

Statt jeder besonderen Anzeige.

Todes-Anzeige.

Heute früh 1½ Uhr entschlief nach kurzem, jedoch schweren Leiden, mein lieber, guter Mann, unser Vater, Schwiegervater, Grossvater, Bruder, Schwager und Onkel

David Loé

im 83. Lebensjahre.

Wir bitten um stille Teilnahme.

Stromberg, den 24. Juni 1898.

Die trauernden Hinterbliebenen.

Die Beerdigung findet am Montag, den 27. Juni, nachmittags 2 Uhr statt.

Abb. 100

Todes-Anzeige.

Dem Herrn über Leben und Tod hat es in seinem unerforschlichen Ratschlusse gefallen, gestern Abend 7½ Uhr meine teure Gattin, unsere liebe Mutter, Grossmutter, Schwester und Schwägerin, die

Frau Theodor Meis

geb. Kath. Markus

zu sich in die Ewigkeit zu rufen.

Sie starb nach längerem, schwerem, mit grosser Geduld ertragenem Leiden, gestärkt durch den Empfang der hl. Sterbesakramente, im Alter von 65 Jahren und im 38. Jahre einer glücklichen Ehe.

Wir bitten, der Verstorbenen im Gebete zu gedenken.

Oelde, den 29. April 1897.

Die trauernden Hinterbliebenen.

Die Beerdigung findet am Samstag, den 1. Mai, morgens 9 Uhr statt.

Allen, denen aus Versehen keine besondere Einladung zugegangen sein sollte, diene dieses als solche.

Abb. 101

Todes-Anzeige.

Gott dem Allmächtigen hat es in seinem unerforschlichen Ratschlusse gefallen, heute nachmittag ½5 Uhr unsere innigstgeliebte Mutter, Schwiegermutter, Schwester, Grossmutter, Urgrossmutter, Schwägerin und Tante, die

Frau Witwe Franz Pott,

geb. Elisabeth Markus,

zu sich in die Ewigkeit zu nehmen.

Sie starb nach kurzer, mit grosser Geduld ertragener Krankheit, wiederholt versehen mit den Gnadenmitteln der hl. kath. Kirche, im 80. Lebensjahre.

Um stille Teilnahme und ein Gebet für die teure Verstorbene bittet:

Im Namen der trauernden Hinterbliebenen:

August Pott.

Oelde, den 18. August 1909.

Die Beerdigung findet statt Samstag, den 21. August 1909, morgens 9 Uhr vom Sterbehause aus.

Abb. 102

Für Oelde und Umgegend statt besonderer Nachricht.

Heute mittag 1 Uhr entschlief sanft und gottergeben unsere geliebte Mutter, Schwiegermutter, Großmutter, Urgroßmutter, Schwägerin und Tante

Frau Marie Pott

geb. Marcus

Sie starb kurz vor Vollendung des 90. Lebensjahres, versehen mit den Tröstungen unserer heiligen Kirche, nach kurzem schwerem, mit vorbildlicher Geduld ertragenem Leiden.

In tiefer Trauer:

Tilla Pott
Christine Menne geb. Pott
Dr. Jos. Weber u. Frau Bernhardine geb. Pott
Schwester Franzeska (Borromäerin),
Maria geb. Pott
Franz Wolff u. Frau Johanna geb. Pott
5 Enkel und 3 Urenkel.

OELDE, Meppen, Essen, Berlin, Ratingen, den 2. Mai 1927

Die Beerdigung findet statt Freitag, den 6. Mai, morgens 9 Uhr, anschließend das feierliche Seelenamt.

Abb. 103

Statt jeder besonderen Anzeige.

Heute nachmittag 3 Uhr verschied infolge Altersschwäche im 89. Lebensjahre unser lieber Vater, Schwiegervater, Großvater, Urgroßvater und Onkel, der

Kaufmann

Coppel Schreiber.

Um stille Teilnahme bittet

Im Namen der Trauernden:

Louis Schreiber.

Oelde, den 29. Mai 1918.

Die Beerdigung findet Sonntag nachmittag 3 Uhr statt.

Abb. 104

Statt jeder besonderen Anzeige.

Dem lieben Gott hat es in seinem unerforschlichen Ratschlusse gefallen heute nacht $2\frac{3}{4}$ Uhr meinen innigstgeliebten Mann, unsern treusorgenden Vater, Bruder, Schwager und Onkel

Alex Schreiber

im Alter von 55 Jahren zu sich abzurufen.

Er starb nach gut verlaufener Operation infolge Lungenentzündung

In tiefer Trauer namens der Hinterbliebenen:
Selma Schreiber
Kurt Schreiber
Ernst Schreiber

OELDE i. W., den 11. März 1926.

Die Beerdigung findet statt am Sonntag, dem 14. März, nachmittags 3 Uhr vom Trauerhause, Wallstraße 18, aus.

Abb. 105

(Statt jeder besonderen Anzeige.)

Todes-Anzeige.

Gott dem Allmächtigen hat es in seinem unerforschlichen Ratschlusse gefallen, heute Nacht um 3 Uhr meine liebe Frau, unsere gute Mutter, Schwieger- und Grossmutter

Frau K. Schreiber

geb. Henriette Stern

nach kurzem Krankenlager, im 80. Lebensjahre zu sich in ein besseres Jenseits abzurufen.

Um stille Teilnahme bitten

Oelde, Vorst. Hörde. Annen, Horstmar, den 29. Januar 1908.

Die trauernden Hinterbliebenen.

Die Beerdigung findet Freitag nachmittag 3 Uhr vom Trauerhause aus statt.

Abb. 106

Nachruf.

Viel zu früh hat der unerbittliche Tod eines unserer besten und eifrigsten Mitglieder,

Herrn

Alex Schreiber

aus unserer Mitte genommen. Die Freiwillige Feuerwehr Oelde erleidet durch das Hinscheiden des Herrn Schreiber, der als Vorstandsmitglied stets bestrebt war, die Interessen des Vereins in jeder Hinsicht zu wahren, und dessen klares Urteil von allen hochgeschätzt wurde, einen schweren Verlust. Der teure Verstorbene gehörte seit 1888 der Wehr als aktives Mitglied an, war lange Jahre hindurch Abteilungsführer, und verwaltete bis zu seinem Tode in mustergültiger Weise das Amt des Kassierers.

In der Geschichte der Freiwilligen Feuerwehr Oelde wird der Name Alex Schreiber stets einen Ehrenplatz einnehmen.

Oelde, den 12. März 1926.

Der Vorstand der Freiw. Feuerwehr Oelde

Abb. 107

Statt jeder besonderen Anzeige

Gestern abend um 9 Uhr wurde mein innigstgeliebter Mann, unser herzensguter, aufopfernd sorgender Vater

Kaufmann Louis Weinberg

nach langjährigem schmerzensreichen, mit tapferer Geduld ertragenem Leiden im 69. Jahre seines Lebens, das erfüllt war von Arbeit, Fleiß und hingebender Sorge für seine Familie, von uns genommen.

Die trauernden Hinterbliebenen:
Frau Wwe. Berta Weinberg
Erich Weinberg
Joseph Weinberg
Willi Weinberg

Oelde, den 24. April 1933.

Die Beerdigung findet statt Donnerstag, den 27. April, nachmittags $3\frac{1}{4}$ Uhr vom Trauerhause.

Im Sinne des Verstorbenen bitten wir, von Kranzspenden und Beileidsbesuchen abzusehen.

Abb. 108

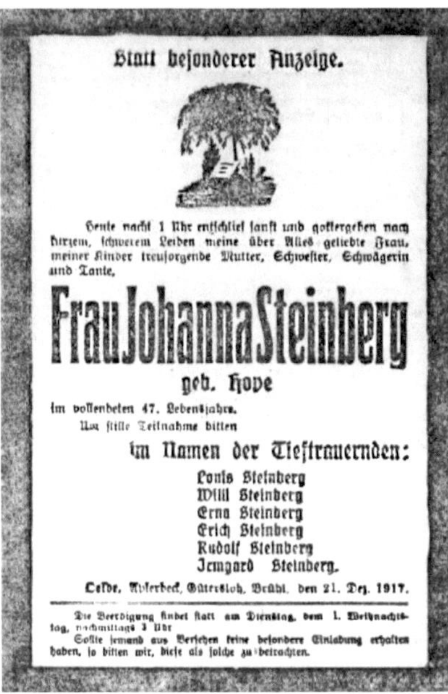

Statt besonderer Anzeige.

Heute nacht 1 Uhr entschlief sanft und gottergeben nach kurzem, schwerem Leiden meine über Alles geliebte Frau, meiner Kinder treusorgende Mutter, Schwester, Schwägerin und Tante,

Frau Johanna Steinberg
geb. Hope

im vollendeten 47. Lebensjahre.
Um stille Teilnahme bitten

im Namen der Tieftrauernden:

Louis Steinberg
Willi Steinberg
Erna Steinberg
Erich Steinberg
Rudolf Steinberg
Irmgard Steinberg.

Oelde, Ahlerbeck, Gütersloh, Brühl, den 21. Dez. 1917.

Die Beerdigung findet statt am Dienstag, dem 1. Weihnachtstag, nachmittags 3 Uhr.
Sollte jemand aus Versehen keine besondere Einladung erhalten haben, so bitten wir, diese als solche zu betrachten.

Abb. 109

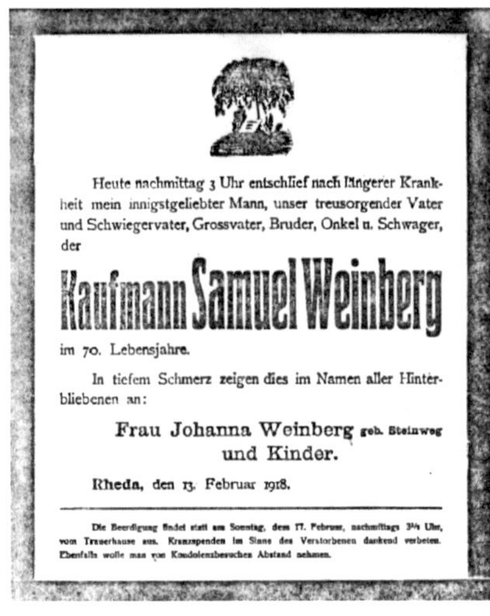

Heute nachmittag 3 Uhr entschlief nach längerer Krankheit mein innigstgeliebter Mann, unser treusorgender Vater und Schwiegervater, Grossvater, Bruder, Onkel u. Schwager, der

Kaufmann Samuel Weinberg

im 70. Lebensjahre.

In tiefem Schmerz zeigen dies im Namen aller Hinterbliebenen an:

Frau Johanna Weinberg geb. Steinweg
und Kinder.

Rheda, den 13. Februar 1918.

Die Beerdigung findet statt am Sonntag, dem 17. Februar, nachmittags 3¼ Uhr, vom Trauerhause aus. Kranzspenden im Sinne des Verstorbenen dankend verbeten. Ebenfalls wolle man von Kondolenzbesuchen Abstand nehmen.

Abb. 110

Statt besonderer Anzeige.

Heute früh entschlief nach schwerer Krankheit unsere innigstgeliebte Schwester, Schwägerin und Tante, die

Witwe des Kaufmanns
Abraham Windmüller
Hermine geb. Jacobsohn.

In tiefer Trauer:
Im Namen der Hinterbliebenen:
Hermann Neuhaus und Frau Luise
geb. Jacobsohn.

Göttingen, den 10. Dezember 1920.
Baurat-Gerberstr. 12.

Die Beisetzung erfolgt Montag, den 13. d. Mts., mittags 12½ Uhr ab Bahnhof Oelde.

Abb. 111

Todes-Anzeige.

Heute morgen 5 Uhr entschlief sanft nach längerem Leiden mein innigstgeliebter Mann, unser guter Bruder, Schwager und Onkel,

Herr Abraham Windmüller

im 63. Lebensjahre.
Um stille Teilnahme bitten
die trauernden Hinterbliebenen.

Oelde, Berlin, Neviges, Bielefeld, Hamburg, Rheda, 23. Februar 1903.

Die Beerdigung findet statt am Donnerstag, d. 26. Februar 1903, nachmittags 3½ Uhr.

Abb. 112

Todes-Anzeige.

Nach langem, schweren, mit grosser Geduld ertragenen Leiden ist heute nachmittag meine liebe, gute Frau, unsere unvergessliche Mutter, Schwiegermutter, Grossmutter, Schwester, Schwägerin und Tante

Frau Jeanette Windmüller

geb. Windmüller

im fast vollendeten 60. Lebensjahre sanft entschlafen

Im Namen der Hinterbliebenen.

Rheda, Elberfeld, Oelde, Berlin, Neviges, Bielefeld, Hamburg,
den 24. Oktober 1902.

Die Beerdigung findet Montag, den 27. Oktober, nachm. 3½ Uhr statt.

Abb. 113

Heute Abend 9½ Uhr entschlief sanft nach kurzem Leiden unsere geliebte Mutter, Schwiegermutter und Grossmutter

Johanna Windmüller

geb. Jacobsohn

im 72. Lebensjahre.

Die trauernden Hinterbliebenen.

Oelde, Rheda, Berlin, Neviges, Bielefeld, den 16. Juli 1888.

Die Beerdigung findet am Freitag, d. 20. d. M., Morgens 9 Uhr statt.

Abb. 114

Statt jeder besonderen Anzeige!

Heute mittag 1¼ Uhr entschlief plötzlich und unerwartet mein geliebter Gatte, unser teurer Vater, Grossvater, Bruder und Onkel

Herr Bernard Wolf

im Alter von 65 Jahren.

Bielefeld, Meschede, Duisburg, Velmede, Brackwede, Oelde u. Bochum, den 31. März 1907.

Im Namen der trauernden Hinterbliebenen:

Riekchen Wolf geb. Borgzinner.

Die Beerdigung findet Mittwoch nachmittag um 3 Uhr vom Trauerhause, Niedernstrasse 39, aus statt.

Kranzspenden im Sinne des Verstorbenen verbeten.

Abb. 115

Sonnabend, den 18. Mai cr., Abends 11 Uhr, entschlief sanft und gottergeben nach langem Leiden im 76. Lebensjahre mein lieber Mann, unser lieber Vater, Schwieger-, Großvater und Bruder

Moses Wolf.

Um stille Theilnahme bittet im Namen der Hinterbliebenen

Rosa Wolf,

geb. Schönfeld.

Oelde, d. 20. Mai 1889.

Die Beerdigung findet am Dienstag, den 21. c., Nachmittags 3 Uhr statt.

Abb. 116

Todes-Anzeige.

Heute Nachmittag 3 Uhr starb in Breslau nach langem, schweren, mit Geduld ertragenen Leiden, mein innigst geliebter Sohn, unser guter Bruder, Schwager und Onkel, der

Kaufmann

Richard Wolf

im 30. Lebensjahre. Freunden und Bekannten diese Traueranzeige, mit der Bitte um stille Teilnahme.

Oelde, Köln, Essen, Hamburg u. Berlin, 17. Febr. 1891.

Namens der trauernden Angehörigen:

Benj. Wolf.

Das Begräbnis findet statt Freitag Morgen um 9 Uhr, vom hiesigen Bahnhof aus.

Abb. 117

Todes-Anzeige.

Gott dem Allmächtigen hat es gefallen, unsern lieben, guten, sorgsamen Bruder, Schwager und Onkel, den

Kaufmann **Eduard Wolf**

im 57. Lebensjahre, nach kurzem, mit grösster Geduld ertragenen Leiden, heute Nacht in ein besseres Jenseits abzuberufen.

Seinen vielen Freunden und Bekannten widmet diese Anzeige mit der Bitte um stilles Beileid

Die trauernde Familie
Benjamin Wolf.

Oelde, Cöln, Essen, Bamberg, Berlin, 28. Oktober 1906.

Die Beerdigung findet am Dienstag, dem 30. Oktober, nachmittags 3 Uhr vom Trauerhause aus statt.

Abb. 118

Nachruf!

Am 28. cr. starb nach längerem Leiden unser allverehrter Abteilungsführer

Herr **Eduard Wolf.**

Seit Gründung unserer Wehr, im Jahre 1881, deren Mitglied, wurde er am 1. Dezbr. 1884 zum Führer der I. Abteilung gewählt. Wir betrauern an seinem Grabe einen pflichtgetreuen Vorgesetzten und liebenswürdigen Kameraden, dessen Andenken wir stets hoch in Ehren halten werden.

I. Abteilung
der freiw. Feuerwehr Oelde.

Abb. 119

Krieger-Verein
Oelde.

Am 28. d. M. verschied nach kurzer Krankheit der Kassenführer unseres Vereins, Kamerad

Eduard Wolf.

Mit der grössten Pflichttreue und ohne Eigennutz hat er über 30 Jahre die Vereinskasse geführt. Niemand hat für den Verein mehr gewirkt und mehr gestrebt, als der Verstorbene. — Ruhe sanft, lieber Kamerad, Dein Andenken wird in Ehren gehalten!

Der Vorstand.

Zur Beerdigung tritt der Verein am Dienstag Nachmittag 2¾ Uhr am Sterbehause an.

Abb. 120

Todes-Anzeige.

Heute Morgen ½9 Uhr verschied sanft nach längerem mit grösster Geduld ertragenem Leiden, unser innigstgeliebter Vater, Schwieger-, und Grossvater

der Kaufmann

Benjamin Wolf

im 74. Lebensjahre. Freunden und Bekannten widmen diese Traueranzeige, mit der Bitte um stille Teilnahme

Oelde, Köln, Essen, Berlin, 9. März 1892.

Die trauernden Hinterbliebenen.

Die Beerdigung findet statt am Freitag, den 11. cr., nachmittags 3 Uhr.

Abb. 121

Statt jeder besonderen Anzeige.

Nach langem, schwerem Leiden entschlief heute unser innigstgeliebter, unvergeßlicher Bruder, Schwager und Onkel, der

Kaufmann

Georg Wolf

im 60. Lebensjahre.

In tiefer Trauer:

Jenni Wolf,
Rudolf Wolf und Frau, geb. Rindskopf,
Ottilie Berg, geb. Wolf,
Martin Wolf und Frau, geb. Feldheim.

Oelde, Köln, Essen, Berlin, den 17. November 1916.

Die Beerdigung findet Montag, den 20. Nov., nachmittags 3¼ Uhr vom Trauerhause aus statt.

Abb. 122

Nachruf.

Am 17. ds. Mts. verschied nach längerer Krankheit Herr

Kaufmann Georg Wolf

Der Verstorbene war seit langen Jahren erster Vorsteher unserer Gemeinde und hatte als solcher nur den einen Wunsch, das ihm anvertraute Amt im Interesse der Allgemeinheit gewissenhaft zu versehen. Die Gemeinde verliert in ihm ein treues, durch großen Gerechtigkeitssinn ausgezeichnetes Mitglied, dessen Andenken sie stets hoch in Ehren halten wird.

Oelde, 17. November 1916.

Der Synagogenvorstand und die Synagogengemeinde.

Abb. 123

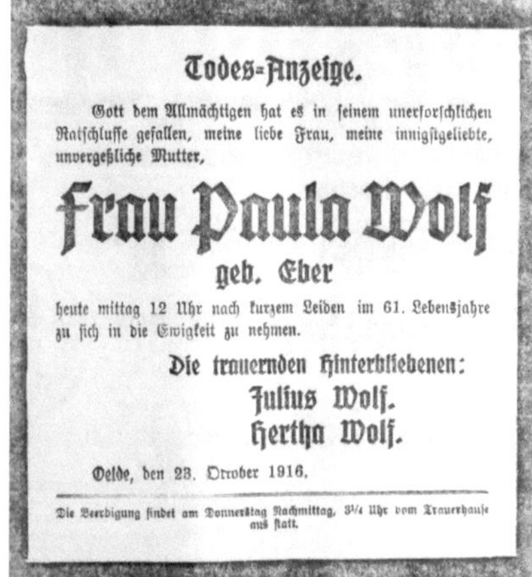

Todes-Anzeige.

Gott dem Allmächtigen hat es in seinem unerforschlichen Ratschlusse gefallen, meine liebe Frau, meine innigstgeliebte, unvergeßliche Mutter,

Frau Paula Wolf

geb. Eber

heute mittag 12 Uhr nach kurzem Leiden im 61. Lebensjahre zu sich in die Ewigkeit zu nehmen.

Die trauernden Hinterbliebenen:

Julius Wolf.
Hertha Wolf.

Oelde, den 23. Oktober 1916.

Die Beerdigung findet am Donnerstag Nachmittag, 3¼ Uhr vom Trauerhause aus statt.

Abb. 124

Statt besonderer Anzeige.

Heute entschlief sanft nach kurzem Kranksein im 73. Lebensjahre mein guter Vater, unser lieber Bruder, Schwager und Onkel

Herr

Julius Wolf.

In tiefster Trauer

Hertha Wolf.

Oelde, den 23. März 1917.

~~Die Beerdigung findet am~~ Dienstag Nachmittag 3½ Uhr vom Trauerhause aus statt.

Abb. 125

חברה  

THE

Sydney Chevra Kadisha
(Holy Brotherhood)

המקום ינחם אתכם בתוך שאר אבילי ציון וירושלים

May the Omnipotent console thee among the Mourners of Zion and Jerusalem

WITH DEEPEST SYMPATHY
IN YOUR SAD BEREAVEMENT

From the Council of Management of the
SYDNEY CHEVRA KADISHA

MAX MANN, President

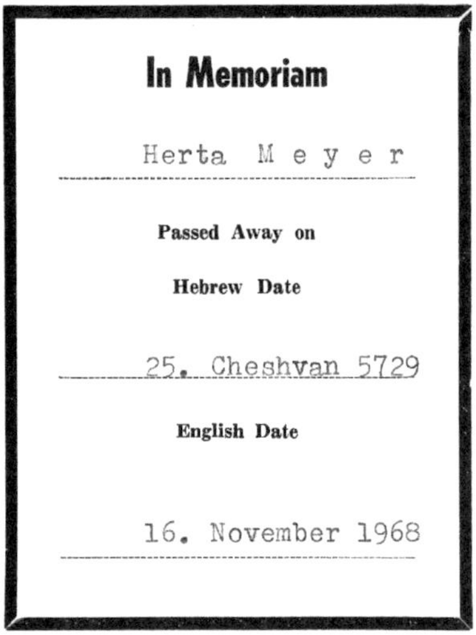

In Memoriam

Herta M e y e r

Passed Away on

Hebrew Date

25. Cheshvan 5729

English Date

16. November 1968

Abb. 126

Statt jeder besonderen Anzeige.

Hierdurch erfülle die traurige Pflicht, Freunden und Bekannten mitzuteilen, dass unsere liebe Mutter, Schwiegermutter, Schwester und Tante

Julie Rose

geb. Wolf

in ihrem 54. Lebensjahre von ihrem langen schweren Leiden heute morgen $^{1}/_{2}$1 Uhr durch einen sanften Tod erlöst worden ist.

Mit der Bitte um stille Teilnahme im Namen der trauernden Hinterbliebenen

Albert Rose.

Zeit der Beerdigung wird später angezeigt. 5698

Abb. 127

Die Beerdigung unserer lieben Mutter, Frau

Julie Rose,

findet Mittwoch, nachmittags um 3 Uhr, vom Trauerhause, Hagenbruchstr. 7, aus statt. 5789

Abb. 128

Anhang

Zeittafel für die Synagoge in Oelde und das Bethaus in Stromberg[55]

Synagoge in Oelde		Bethaus in Stromberg	
1742	Bau eines Bethauses hinter dem Haus Lange Straße 21	1818	Bet- und Schulraum im hinteren Teil des Hauses von Abraham Isaac
1829	Einweihung der neuen Synagoge in der Ruggestraße 10	seit 1830er Jahre	Gottesdienst im Haus von Philipp Feldheim
9./10. November 1938	Demolierung des Innenraumes der Synagoge	um 1900	Bethaus besteht noch
17. November 1938	Verkauf der Bauten der jüdischen Gemeinde	um 1908	Aufgabe des Bethauses
1940	Abriss der Synagoge, Umbau des Vorderhauses		

55 Nach Elfi Pracht-Jörns, Jüdisches Kulturerbe in Nordrhein-Westfalen Teil IV: Regierungsbezirk Münster, Köln 2002, S. 474.

Abb. 129 – Skizze für Schulhaus und Synagoge in Oelde, Ruggestraße 10

Abb. 130 – Rechts ist das jüdische Schulhaus in der Ruggestraße abgebildet, dahinter lag die Synagoge.

Die Pogromnacht vom 9. auf den 10. November 1938

Am 9. November 1938 kam es im gesamten Deutschen Reich zu massiven Ausschreitungen gegen jüdische Bürger und jüdische Einrichtungen. Angehörige von SS (Schutzstaffel) und SA (Sturmabteilung) zerstörten Wohnungen, Geschäfte, Gemeindehäuser und Synagogen. Bei diesen Ausschreitungen und Misshandlungen kamen zahlreiche Menschen ums Leben. Die Hintergründe der Verfolgung waren der staatlich angeordnete Antisemitismus und Rassismus, die per Gesetz geforderte Arisierung und die vorgesehene Zwangsenteignung von jüdischem Eigentum. Damit sollte auch die deutsche Aufrüstung mitfinanziert werden.
Auch in Oelde und Stromberg kam es zu organisierten Übergriffen. Die Synagoge in der Ruggestraße wurde verwüstet, Geschäfte und Wohnungen ausgeräumt oder beschädigt. Die jüdische Bevölkerung wurde verhöhnt, geschlagen und in „Schutzhaft“ genommen. Verantwortlich für diese Taten waren angeblich SA-Leute aus Ahlen, doch mit reger Beteiligung der ortsansässigen Parteigenossen, darunter viele stadtbekannte Bürger.
Die Verfolgung der Juden endete im Holocaust. Die Alliierten befreiten Deutschland im Mai 1945 vom nationalsozialistischen Terror.

Text: Heinz Werner Drees „Oelder Anzeiger“, 09.11.2016

Dieses Pogrom wurde als „Reichskristallnacht“ bekannt, die Nacht des zerbrochenen Glases. Zitiert aus: Die Geschichte des Holocaust, S. 14

Abb. 131 - Gedenkstein im Rathausinnenhof in Oelde am 9. November 2021

Pogromgedenken

Jedes Jahr am 9. November zum Jahrestag der Pogromnacht (vom 9. auf den 10. November 1938) findet ein stilles Gedenken an die jüdischen Familien in Oelde und Stromberg im Rathausinnenhof in Oelde statt. Diese Gedenkstunde wurde bisher organisiert vom inzwischen aufgelösten ökumenischen Kreis „Wir Christen in Oelde". Viele Bürger, aber auch Politiker und Vertreter der Kirchen nehmen an der Veranstaltung teil. Es kommen auch vermehrt Schüler und Schülerinnen hinzu, die sich in Projekten mit der jüdischen Geschichte am Wohnort auseinandersetzen. Zentrales Thema der Veranstaltung ist es, die Erinnerung an unsere ehemaligen Nachbarn aufrechtzuhalten. „Ein Vergessen darf es nicht geben. Denn: Erinnern ist nicht nur eine Schuldhaftigkeit. Erinnern ist Zukunft", so die Bürgermeisterin Karin Rodeheger in ihrer Ansprache am 9. November 2021.

Pogrom memorial

Every year on the 9th of November it is the annual of the Pogrom-night (the night between November 9th and 10th in 1938). On this day there is a silent remembering about the Jewisch families in Oelde and Stromberg which takes place in the interior yard of the town hall of Oelde. This commemoration was organized by the meanwhile dissolved oecumenical circle "Wir Christen in Oelde". Many citizens, but also politicians and church representatives, took part in the event. There is also an increasing number of pupils, who work on projects about the Jewish history in their hometown. The main topic of the event is uphold the memory about our former neighbours. "We must not forget. Because: Memory is not just about guilt. Memory is future", said Mayor Karin Rodeheger in her speech on the 9th of November 2021.

Opfer der Shoah

Name	Vorname	Geburtsdatum	Geburtsort	Sterbedatum
Aschenberg verh. Katzenstein	Caroline (Lina)	05.02.1859	Oelde	20.08.1942
Aschenberg	Meier	21.01.1861	Oelde	12.02.1943
Aschenberg	Sophie	27.04.1866	Oelde	13.01.1939
Aschenberg	Otto	07.11.1887	Hastedt	1940
Elsberg	David	03.01.1874	Warendorf	1942
Elsberg geb. Windmüller	Rieka	14.01.1883	Beckum	1942
Elsberg	Eduard	15.12.1875	Warendorf	1942
Hertz	Johanna	31.12.1863	Ostenfelde	?
Hertz	Louis	20.02.1866	Ostenfelde	11.12.1842
Hertz	Eduard	28.03.1870	Ostenfelde	27.05.1943
Hertz geb. Windmüller	Jeanette	13.08.1881	Beckum	?
Hertz	Kurt	29.08.1909	Beckum	28.09.1940
Hertz	Robert	14.01.1915	Beckum	?
Hertz verh. Heumann	Laura	02.06.1881	Ostenfelde	28.07.1944
Hoffmann geb. Löwenstein	Emmy	09.08.1892	DO – Aplerbeck	1944
Hoffmann	Hugo	05.02.1888	Oelde	1941
Laumann	Joachim	21.02.1913	Königsberg	verschollen
Levi geb. Hope	Lucie	09.12.1896	Gütersloh	1944 für tot erkl.
Löwenstein	Adolf	02.12.1880	Ahaus	31.10.1943
Schreiber verh. Löwenstein	Lilly	01.12.1895	Oelde	29.03.1943
Schreiber geb. Baer	Else	14.12.1897	Stromberg	für tot erklärt
Schreiber geb. Stern	Selma	05.11.1878	Witten	25.03.1942
Steinberg geb. Voß	Else	13.10.1908	Boslar	11.01.1945
Steinberg	Louis	19.06.1882	Liemke	verschollen
Steinberg geb. Josephs	Minna	31.10.1879	Jever	verschollen
Steinberg	Willi	24.05.1906	Kaunitz	verschollen
Wolf	Jenny	23.07.1867	Oelde	25.11.1942
Loe	Isaak	19.05.1880	Stromberg	15.08.1942
Loe geb. Edler	Ella	15.11.1881	Wadersloh	1942
Loe	Siegfried	29.09.1905	Mettinghausen	18.08.1942
Loe	Lilli	28.10.1908	Stromberg	1942
Loe	Alfred	12.11.1909	Stromberg	07.05.1945
Loe geb. Simon	Erna	20.12.1910	Ahlen	06.03.1944
Loe	Robert	02.06.1942	Amsterdam, NL	06.03.1944
Herz verh. de Levie	Alwine Emilie	27.10.1859	Oelde	16.07.1943
Hoffmann	Otto	06.10.1888	Oelde	ca. 1942
Hoffmann geb. Weis	Else	21.03.1891	Mainz	ca. 1942
Hoffmann	Hans	19.08.1926 (1927?)	?	ca. 1942
Hoffmann	Ludwig	23.10.1877	Oelde	03.04.1936
Hoffmann verh. Lasch	Leonore	31.05.1880	Oelde	1942?
Hoffmann verh. Weinberg	Ruth	14.05.1910	Oelde	1944?
Weinberg	Walter	10.08.1905	Rheda	1944?
Weinberg	Hans-Philipp	01.09.1942	Westerbork, NL	1944?
Hope	Elias Ernst	14.08.1872	Oelde	?
Schreiber verh. Horn	Elfriede	04.12.1858	Oelde	18.10.1942
Schreiber verh. Feldheim	Mathilde	17.03.1862	Oelde	?
Feldheim verh. Stern	Clara	03.06.1867	Bielefeld	12.06.1943
Feldheim verh. Stern	Paula	24.05.1868	Bielefeld	04.02.1943
Feldheim	Emmi	25.07.1870	Bielefeld	19.02.1943
Feldheim	Eugen	26.10.1872	Bielefeld	29.12.1939
Markhoff	Alfred	03.04.1878	Wolbeck	1942
Löwenbach	Dina	25.04.1853	Wadersloh	17.03.1937

Sterbeort	Stolperstein	Wohnort
Theresienstadt	Bremen, Große Johannisstraße 58	
Theresienstadt	kein Stolperstein?	Göttingen, Nikolaistraße 11
Oelde, Suizid	Oelde, Lindenstraße 23	?
Sachsenhausen	kein Stolperstein?	Hamm, Eylerstraße 5
Treblinka	?	?
Treblinka	?	?
Polen	?	?
Treblinka	?	?
Auschwitz	?	?
Theresienstadt	?	?
Riga	?	?
Sachsenhausen	?	?
Riga	?	?
Riga	?	?
Riga	Oelde, Lange Straße 45	?
?	Oelde, Lange Straße 45	?
Riga	Oelde, Wallstraße 18	?
Stutthof	Oelde, Lange Straße 45	?
Riga	Oelde, Wallstraße 18	?
Riga	Oelde, Wallstraße 18	?
Auschwitz	Oelde, Ruggestraße 2	?
Riga	Oelde, Wallstraße 18	?
Stutthof	Oelde, Wallstraße 18	?
Riga	Oelde, Wallstraße 18	?
Riga	Oelde, Wallstraße 18	?
Stutthof	Oelde, Wallstraße 18	?
Theresienstadt	Oelde, Lange Straße 45	?
Theresienstadt	Stromberg, Daudenstraße 18	?
Riga	Wadersloh, Wilhelmstraße 10	?
Auschwitz	Stromberg, Daudenstraße 18	?
Riga	Wadersloh, Wilhelmstraße 10	?
Dachau	Ahlen, Weststraße 73	?
Auschwitz	Ahlen, Weststraße 73	?
Auschwitz	Ahlen, Weststraße 73	?
Sobibor	Hamburg-Winterhude, Maria-Louisen-Straße 55	?
Raasiku (Estland)	kein Stolperstein?	Frankfurt
Raasiku (Estland)	kein Stolperstein?	Frankfurt
Raasiku (Estland)	kein Stolperstein?	Frankfurt
Stettin, Suizid	kein Stolperstein?	Stettin
Kulmhof (Chelmno)	kein Stolperstein?	Köln?
Auschwitz	Rheda, Wilhelmstraße 30	?
Auschwitz	Rheda, Wilhelmstraße 30	?
Auschwitz	Rheda, Wilhelmstraße 30	?
Riga, für tot erklärt	kein Stolperstein?	Braunschweig, Wanne-Eickel, Duisburg
Theresienstadt	Vorst, Clevenstraße 17	?
Theresienstadt	kein Stolperstein?	Dortmund
Theresienstadt	Wiesbaden, Wallufer Straße 13	?
Theresienstadt	Wiesbaden, Wallufer Straße 13	?
Theresienstadt	Wiesbaden, Wallufer Straße 13	?
Sachsenhausen	kein Stolperstein?	Berlin
Polen	kein Stolperstein?	?
Wadersloh	Wadersloh, Freudenberg 26	?

Überlebende der Shoah

Name	Vorname	Geburtsdatum	Geburtsort	Sterbedatum
Daltrop	Albert	21.05.1886	Oelde	30.03.1977
Daltrop geb. Raphael	Lotte	11.05.1900	Deutsch-Krone/Westpr.	06.06.2001
Daltrop	Bernhard	17.10.1890	Oelde	01.09.1948
Daltrop geb. Sachs	Henriette	27.05.1869	Bielefeld	?
Daltrop verh. Nagel	Klara	27.10.1897	Oelde	?
Daltrop verh. Fritzler	Rosa	17.08.1900	Oelde	?
Fritzler	Julius	27.09.1890	Anröchte	?
Daltrop verh. Katz	Anna (Änne)	27.01.1904	Oelde	?
Fritzler	Martin	22.10.1925	Oelde	?
Fritzler verh. Israel	Lore	29.03.1927	Oelde	?
Fritzler	Georg	06.08.1929	Oelde	?
Fritzler	Walter	03.12.1931	Oelde	?
Hoffmann verh. Katz	Laura	22.02.1878	Oelde	?
Hoffmann verh. Mühlfelder	Martha	30.01.1881	Oelde	?
Hoffmann verh. Stern	Jenny	02.05.1885	Oelde	?
Hoffmann	Siegfried	10.05.1886	Oelde	?
Hoffmann	Charlotte	15.12.1921	Oelde	?
Hoffmann verh. Oppenheimer	Margret	09.05.1924	Oelde	?
Hoffmann	Hans-Joachim	07.03.1926	Oelde	?
Hope geb. Baum	Jenny	05.05.1879	Dortmund	?
Hope verh. Koenig	Trude	25.06.1905	Oelde	?
Koenig	Franz	1904	Oelde	?
Hope	Fritz	12.07.1906	Oelde	?
Hope	Else	16.11.1910	Oelde	?
Hope verh. Gordon	Annie	17.07.1912	Oelde	?
Hope	Max	05.03.1874	Oelde	?
Hope geb. Sondheimer	Natalie	27.10.1875	Wattenscheid	?
Hope	Hans	03.08.1905	Oelde	?
Hope	Hilde	17.01.1907	Oelde	?
Levy verh. Meintrup	Erna	04.10.1906	Gerolstein	08.12.1969
Schreiber	Leo	20.05.1897	Oelde	?
Schreiber	Kurt	08.05.1904	Oelde	?
Schreiber	Ernst	15.06.1909	?	?
Steinberg	Erna	27.10.1909	?	?
Steinberg später Hope	Rudolf	08.10.1913	?	?
Steinberg	Irmgard	07.05.1915	?	?
Weinberg	Erich	03.08.1902	Oelde	?
Weinberg	Josef	03.11.1907	Oelde	?
Weinberg geb. Bernstein	Hildegard	03.06.1911	Lütgendortmund	?
Weinberg	Willi	21.09.1911	Oelde	?
Feldheim	Philipp	01.10.1865	Bielefeld	?
Loe	Paul	16.06.1907	Stromberg	?
Silberberg	David	22.06.1879	Wadersloh	?
Silberberg geb. Edler	Elma	19.09.1884	Stromberg	?
Edler geb. Moses	Jeanette	25.01.1853	Frechen	?
Silberberg verh. Leiberg	Elli	28.07.1909	Stromberg	?
Silberberg	Max	27.02.1909	Stromberg	?
Silberberg	Hilde	10.10.1910	Stromberg	?
Wolf verh. Meyer	Hertha	21.10.1888	Oelde	?

Sterbeort	Ghetto / KZ	Shoah überlebt	Stolperstein	Wohnort
Bielefeld	Theresienstadt	lebte in Bielefeld	?	Bielefeld
Bielefeld	Theresienstadt	lebte in Bielefeld	?	Bielefeld
USA		USA	?	USA
?		Argentinien	Oelde, Eickhoff 10	?
?		Argentinien	Oelde, Eickhoff 10	?
?		Argentinien	Oelde, Eickhoff 10	?
?		Argentinien	Oelde, Eickhoff 10	?
?		Argentinien	Oelde, Eickhoff 10	?
?		Argentinien	Oelde, Eickhoff 10	?
?		Argentinien	Oelde, Eickhoff 10	?
?		Argentinien	Oelde, Eickhoff 10	?
?		Argentinien	Oelde, Eickhoff 10	?
?		USA	?	?
?		USA	?	?
?		USA	?	?
?		USA	?	?
?		1939–1946 in England, später USA	Oelde, Lange Straße 45	?
?	Riga	USA	Oelde, Lange Straße 45	?
?	Riga	USA	Oelde, Lange Straße 45	?
?		USA	Oelde, Trippenhof 4	?
?		USA	Oelde, Trippenhof 4	?
?		USA	?	?
?		Argentinien, Israel	Oelde, Trippenhof 4	?
?		USA	Oelde, Trippenhof 4	?
?		USA	Oelde, Trippenhof 4	?
?		USA	Oelde, Ruggestraße 7	?
?		USA	Oelde, Ruggestraße 7	?
?		USA	Oelde, Ruggestraße 7	?
?		USA	Oelde, Ruggestraße 7	?
Münster	Theresienstadt	Münster	?	Münster
?		Frankreich	Oelde, Ruggestraße 2	?
?		USA	Oelde, Wallstraße 18	?
?		Frankreich	Oelde, Wallstraße 18	?
?		USA	Oelde, Wallstraße 18	?
?		USA	Oelde, Wallstraße 18	?
?		Argentinien	Oelde, Wallstraße 18	?
?		USA	Oelde, Lange Straße 13	?
?		USA	Oelde, Lange Straße 13	?
?		USA	Oelde, Lange Straße 13	?
?		USA?	Oelde, Lange Straße 13	?
?		USA	Bielefeld	?
?		Frankreich?	Stromberg, Daudenstraße 18	?
?		Argentinien	Stromberg, Daudenstraße 2	?
?		Argentinien	Stromberg, Daudenstraße 2	?
?		Argentinien	Stromberg, Daudenstraße 2	?
?		Argentinien	Stromberg, Daudenstraße 2	?
?		Argentinien	Stromberg, Daudenstraße 2	?
?		Argentinien	Stromberg, Daudenstraße 2	?
?		Australien	?	Krefeld

Schlusswort von Anne Frank

Abb. 132

„Einmal wird dieser schreckliche Krieg doch vorbeigehen, einmal werden wir doch wieder Menschen und nicht nur Juden sein!"

Anne Frank (1929-1945) in ihrem Tagebuch am 11. April 1944

Dank

Die Geschichte der Juden in Oelde und Stromberg wurde bereits beleuchtet durch Arbeiten von Diethard Aschoff, Albert Pauls, Elfi Pracht-Jörns, Hans-Jörg Gerste, Elisabeth und Peter Lewanschkowski sowie Walter Tillmann. Ihre Arbeiten bilden die Basis für jeden, der sich mit diesem Thema in Oelde und Stromberg auseinandersetzen möchte. Der Fokus des vorliegenden Buches liegt auf den Familien und den Schicksalen der einzelnen Mitglieder. Mein Ziel ist es, an die Menschen zu erinnern, die einmal in Oelde oder Stromberg gelebt haben.

Wir kennen nun die Namen und wir kennen die Schicksale der Menschen jüdischen Glaubens in unserem Heimatort. Leider liegen nur sehr wenige Personenfotos vor, so dass es nur mit Worten möglich war an unsere ehemaligen Nachbarn zu erinnern. Damit wir uns von ihnen „ein Bild machen" können, möchte ich dazu aufrufen, mir entsprechende Personenfotos zukommen zu lassen. Aber auch historische Ortsfotos zum Thema sind willkommen.
Von großem Interesse ist auch zu erfahren, wie die Überlebenden die Nachkriegszeit erlebt haben.
Wie waren die Lebensumstände in den neuen Ländern nach der Einwanderung? Wie ist es gelungen, die wirtschaftliche Existenz zu sichern? Welche Probleme ergaben sich durch Sprachbarrieren? Wie haben sie ihr Leben gestaltet? Was sind ihre Botschaften für die nachfolgenden Generationen?

Mein besonderer Dank gilt Herrn Kreisarchivar Dr. Knut Langewand in Warendorf für die Durchsicht des Manuskripts und die Herausgabe des Buches in „Kleine Schriftenreihe" des Kreisarchivs Warendorf.
Herzlich danke ich ihm und seinem Team für die Betreuung und Unterstützung.

Ebenso geht mein Dank an Herrn Dr. Jochen Rath vom Stadtarchiv Bielefeld für die Unterstützung bei meiner Recherche zu jüdischen Familien in Bielefeld, die ihren Ursprung in Oelde haben.

Für die Überlassung von Text- oder Bildmaterial und für Übersetzungsarbeiten danke ich:

Marc Baril
Michael Berend
Leslie Braun
Heinz Werner Drees
Wilhelm Konert
Meik Libor
Zoe Peate
Erika Pongritz
Hans Rennemeier
Julie Staples
Alexander Türk
Johannes Ueffing
Ilse Wersin
Charles Zar

Meiner Familie danke ich für ihre Anregungen und Tipps.
Sie waren mir eine wertvolle Hilfe.

Christine Laumeier

Thanks

The history of the Jews in Oelde and Stromberg was previously examined by the works of Diethard Aschoff, Albert Pauls, Elfi Pracht-Jörns, Hans-Jörg Gerste, Walter Tillmann, Elisabeth und Peter Lewanschkowski. These works are available to anyone who wishes to delve deeper into this topic.

This book focuses on the destinies of the Jewish families who once lived in Oelde and Stromberg. My aim is to preserve their legacy so we never forget the hardships they experienced.

We now know the names and stories of some of the Jews who once lived in our hometown. Unfortunately, only a few photographs of them exist, which makes it impossible to remember of our former neighbors other than in words. I would appreciate receiving copies of any historical photographs, particularly of the Jewish people who once lived in Oelde and Stromberg.

I am also very interested in knowing how the survivors lived in the post-war period. What was life like after migrating to new countries? How did they recover financially after losing everything? What problems did they encounter with language barriers? How did they start over?
What message did they have for the next generations?

Special thanks to Herrn Kreisarchivar Dr. Knut Langewand in Warendorf for looking through the manuscript and publishing the book in "Kleine Schriftenreihe" of the Kreisarchiv Warendorf. Many thanks to him and his team for their help and support.

For supporting my research on the Jewish families in Bielefeld originating in Oelde, I want to thank Herrn Dr. Jochen Rath from Stadtarchiv Bielefeld.

Also many thanks for making text-/picture-materials available and for translation to:

Marc Baril
Michael Berend
Leslie Braun
Heinz Werner Drees
Wilhelm Konert
Meik Libor
Zoe Peate
Erika Pongritz
Hans Rennemeier
Julie Staples
Alexander Türk
Johannes Ueffing
Ilse Wersin
Charles Zar

Thanks to my family for giving me ideas und tips.
They have been a valuable help to me.

Christine Laumeier

Literaturverzeichnis

Anne Frank-Haus: Anne Frank – Eine Dokumentation ihres Lebens und ihrer Zeit, Ravensburg 2002.

Brömmelhaus, Matthias: „Nach unbekannt verzogen". Die Geschichte der Warendorfer Juden in der Zeit des Dritten Reiches, Quellen und Forschungen zur Geschichte des Kreises Warendorf, Band 19, hg. vom Kreis-Geschichtsverein Beckum-Warendorf e. V., Warendorf 1988.

Drees, Heinz Werner: Pogrom in Oelde in „Oelder Anzeiger", 09.11.2016

Gedenkbuch Opfer der Verfolgung unter der nationalsozialistischen Gewaltherrschaft in Deutschland 1933 – 1945, bearb. vom Bundesarchiv, Koblenz, und dem Internationalen Suchdienst, Arolsen, 2 Bde., Frankfurt/Main 1986.

Gerste, Hans-Jörg: Von der Pogromnacht zur Deportation, in: Veröffentlichungen aus dem Kreisarchiv Warendorf, Reihe 2, Heft 6, hg. vom Kreis Warendorf, Warendorf 1994.

Lawton, Clive A./Pressler, Mirjam: Die Geschichte des Holocaust, Hamburg 2002.

Kellner, Hans-Josef: Die vergessenen Nachbarn – wer kennt sie noch?, Die Geschichte der jüdischen Familien in Wadersloh, Quellen und Forschungen zur Geschichte des Kreises Warendorf, Band 47, hg. vom Kreis-Geschichtsverein Beckum-Warendorf e. V., Warendorf 2012.

Kurz, Siegfried: Stadt, Wigbold und Kirchspiel Wolbeck, Ortsfamilienbuch (online: https://www.wigbold-wolbeck.de/register.htm)

Lewanschkowski, Elisabeth und Peter: Spur der Stolpersteine in Oelde, Pogromnacht in Oelde, Zeitzeugen berichten, eine Dokumentation über Leben und Sterben jüdischer Bürger aus Oelde in der Zeit des Nationalsozialismus, hg. von Elisabeth und Peter Lewanschkowski in Zusammenarbeit mit der Fördergemeinschaft der Erich-Kästner-Schule in Oelde, Oelde 2019.

Möllenhoff, Gisela/Schlautmann-Overmeyer, Rita: Jüdische Familien in Münster 1918 bis 1945, Teil 1: Biographisches Lexikon, hg. von Franz-Josef Jakobi, Andreas Determann, Diethard Aschoff, Münster 1995.

Pauls, Albert: Zur Geschichte der Juden in Oelde, in: Oelde - die Stadt, in der wir leben, Quellen und Forschungen zur Geschichte des Kreises Warendorf Band 17/18, hg. von Siegfried Schmieder, Oelde 1987.

Pauls, Albert (Hg.): Oelde in alten Ansichten, Oelde 1982.

Pracht-Jörns, Elfi: Jüdisches Kulturerbe in Nordrhein-Westfalen Teil IV: Regierungsbezirk Münster, Köln 2002.

Schäfer-Richter, Uta/Klein, Jörg: Die jüdischen Bürger im Kreis Göttingen, 1933-1945, Göttingen. Hann. Münden, Duderstadt - ein Gedenkbuch, hg. von Karl-Heinz Manegold, Göttingen 1992.

Spiegel, Paul: Wieder zu Hause? Erinnerungen, 2003.

Stehr, Christoph: Gerolstein und seine jüdischen Mitbürger bis 1945, hg. von der Stadt Gerolstein, 1986.

Stolpersteine in Gütersloh - Ihr Name lebt weiter (Broschüre, hg. von der Stadt Gütersloh), Gütersloh 2022.

Stolpersteine Rheda-Wiedenbrück (Broschüre, hg. von der Stadt Rheda-Wiedenbrück), Rheda-Wiedenbrück 2018.

Tillmann, Walter: Ausgegrenzt - Anerkannt - Ausgelöscht, Geschichten, Berichte, Episoden und Anekdoten aus Leben und Untergang der jüdischen Minderheit in Oelde, Quellen und Forschungen zur Geschichte des Kreises Warendorf, Band 41, hg. vom Kreis-Geschichtsverein Beckum-Warendorf e. V., Warendorf 2003.

Tillmann, Walter: Geflüchtet - Verschollen - Ermordet. Das Schicksal der jüdischen Familie Hertz aus Ostenfelde. Quellen und Forschungen zur Geschichte des Kreises Warendorf, Band 36, hg. vom Kreis-Geschichtsverein Beckum-Warendorf e. V., Warendorf 1999.

Tillmann, Walter: Zur Geschichte der jüdischen Minderheit in Stromberg, in: 800 Jahre Wallfahrt und Stromberger Geschichte, Zwischen Kreuz und Schwert, hg. vom Heimatverein Stromberg, Warendorf 2007, S. 323-345.

Stein-Windmüller, Ida/Windmueller-Horowitz, Inge/Horowitz, Rita Janet: Windmueller Family Chronicle, Richmond, Virginia, USA, 1981.

Quellenverzeichnis

Adressbücher Oelde und Stromberg 1926 und 1934

Tageszeitungen

„Beckumer Volkszeitung“ und „Die Glocke“
„Bielefelder Tageblatt“
„Bielefelder Generalanzeiger (Neueste Nachrichten)“
„Westfalen-Blatt“, Bielefeld

Archive

Kreisarchiv Warendorf
Landesarchiv Nordrhein-Westfalen
Nationalarchiv Prag, Tschechien
Stadtarchiv Bielefeld
Stadtarchiv Oranienburg

Internetseiten

www.arolsen-archives.org
www.bundesarchiv.de
www.jüdische-gemeinden.de
www.wikipedia.org
www.wikiwand.com (Liste der Stolpersteine in Vorst)
www.yadvashem.org (Holocaust-Gedenkstätte)
www.oelder-anzeiger.de

Fotonachweise

Abb. 1 (Titelbild), 2, 18, 35, 48, 52: Kreisarchiv Warendorf, NL Rennemeier
Abb. 20, 129, 132: Kreisarchiv Warendorf
Abb. 3, 36: Nationalarchiv Prag in Tschechien
Abb. 4-6, 10, 11, 13-17, 19, 21-23, 25, 27, 31, 40, 41, 50, 51, 53-56, 60-66, 68, 131: Christine Laumeier
Abb. 7, 8, 12, 26, 29, 32, 37-39, 43, 45, 47, 69-79, 82-114, 116-125: Beckumer Volkszeitung/Die Glocke
Abb. 80, 81: Stadtarchiv Bielefeld (NW 06.04.1977, NW 08.06.2001)

Abb. 9: Charles Zar
Abb. 115: Bielefelder Tageblatt
Abb. 127, 128: Bielefelder Generalanzeiger (Neueste Nachrichten)
Abb. 28: Wilhelm Konert, Wadersloh
Abb. 30: Erika Pongritz, Oelde
Abb. 24, 33: Adressbuch Oelde 1926
Abb. 34, 46: Michael Berend, Herzebrock
Abb. 42, 58: Arolsen Archives
Abb. 44: Meik Libor, Oelde
Abb. 49, 126: Zoe Peate, Australien
Abb. 57: Stadtarchiv Oranienburg
Abb. 59, 67, 133 (Cover Rückseite): Johannes Ueffing im Heimatverein Stromberg
Abb. 130: Albert Pauls
Abb. 132: Wikimedia Commons; https://commons.wikimedia.org/wiki/File:Anne_Frank_lacht_naar_de_schoolfotograaf.jpg?uselang=de

Die Familientafeln wurden mit dem Genealogie-Programm „Ahnenblatt" erstellt.

Zur Autorin

Christine Laumeier, geboren 1961 in Werl, 1973 Zuzug nach Ostenfelde, seit 1980 lebt die Autorin in Oelde

juristische Ausbildung, kaufmännische Tätigkeiten bei zwei renommierten Unternehmen in Oelde, Projektarbeit im Kreisarchiv Warendorf

Ehrenamtliche Tätigkeiten:
für das Landesarchiv NRW Abteilung Ostwestfalen-Lippe in Detmold und für den Heimatverein Ostenfelde

Vorstandsmitglied im Arbeitskreis Familienforschung östliches Münsterland e.V.

Veröffentlichungen:
Familienchronik der Nachfahren des Caspar Laumeier geb. Wördekemper (1807-1886), Selbstverlag 2006

Arbeitskreis Familienforschung östliches Münsterland e.V., Genealogie-Software, in: Jahrbuch des Kreises Warendorf 2016, S. 230

Opfer des I. Weltkrieges in Ostenfelde, in: Jahrbuch des Kreises Warendorf 2024, S. 262 ff.

Für das vorliegende Buch konnte die Autorin auf über 40 Jahre Erfahrungen in der Genealogie zurückgreifen. Über die Forschungen zur eigenen Familie und Projektarbeiten in verschiedenen Orten des Münsterlandes kam sie zur Forschung über jüdische Familien.